CLUJUL MEU ÎN OGLINDA TIMPULUI

HOREA PORUMB

2021

Cu un an în urmă publicam „Parisul meu. Din jurnalul unui francez prin adopție". Prezenta carte ar trebui să fie imaginea sa în oglindă: „Clujul meu. Memoriile unui clujean de obârșie"...

Sunt adunate în acest volum povești despre Clujul meu, Clujul familiei mele, Clujul Ardealului, Ardealul dintre cele două Războaie, Ardealul de sub Vama Feleacului, Ardealul de azi, Țara de azi, lumea de azi...

Amintiri despre oameni care au fost, evenimente care s-au petrecut, experiențe care nu se vor repeta, lucruri care nu s-au spus...

Dealul Feleacului, „Vama", pe care ai mei au cunoscut-o în anii grei. Cei din Vechiul Regat nu știu și, oricum, nu înțeleg despre ce este vorba. Nici tinerii. În 1940, existau români de partea „asta", de partea „cealaltă" a Vămii, mai erau și cei de dincolo de Prut. Mai exista o frontieră și la nord... Despre aceste lucruri am aflat, şi eu, de la ai mei.

Clujul îmi evocă strada de sub tei, pe unde am trecut de peste zece mii de ori! Mai trec şi azi. Acolo am fost la şcoală, la facultate – doar în primul an, căci apoi am plecat departe. Am revenit acum...

Memorie - adevăr: *aletheia* (ἀλήθεια), ceea ce n-a fost uitat încă...

Prietenul meu, B..., mă îndemna:

„Frumos, ce să zic, daţi înainte pe acelaşi ton cald-amintirist! Portrete şi întâmplări dintr-o lume care nu mai este, însă mai este în memoria noastră. La treabă, aşteptăm poveşti de odinioară..."

M-am pus pe scris.

De ce sunt nostalgic tocmai azi?

M-am născut la Cluj. (Vorbește un bărbat înalt de statură și blând la grai).

Am fost de față când l-au ridicat pe tata. Cei patru oameni ai legii, în uniformă, au venit după căderea serii. Ne-au cerut să rămânem toți într-o odaie. Mai întâi, tata a stat de vorbă cu indivizii în camera alăturată. Am lipit paharul de ușă și urechea de pahar, sperând să aud ceva. În zadar.

Tata iese, palid și ne spune că ne va părăsi.

- Să-i dai în grija bunicilor de la țară, a mai apucat să-i lanseze mamei.

Așa se face că toți frații am ajuns în acel colț de rai.

Bunicii trăiau din ceea ce le aducea grădina. Zarzavaturi, fructe, miere de albine - și carne de pasăre, o dată pe săptămână.

Nu prea ne sinchiseam de sărăcia lor. Eram ştrengari. Puneam scaieţi pe drumul de ţară, pe care îi acopeream cu muşchi. Treceau femei, desculţe, şi le vedeam de după gard ocărând şi aplecându-se să-şi scoată spinii din tălpi.

- Facem asta ca să le vedem curul!, bravam noi, băieţii...

Am legat o bancnotă de un leu de o sfoară şi am lăsat-o în drum. Veneau oameni, mai ales ţigănci, şi se aplecau să o ridice. Noi trăgeam de sfoară şi ne prăpădeam de râs văzându-i cum îşi făceau cruci...

Bunicul avea stupii în faţa casei. Pândeam momentul când albinele ieşeau să facă „bărbi", adică să formeze ciorchini la intrarea în stup, atârnându-se una de alta. Aşteptam sosirea factorului poştal şi atunci, cu o nuia lungă, dădeam în ele. Barba se desprindea, albinele cădeau, apoi se agitau dezorientate, năpustindu-se pe bietul poştaş.

- Uitaţi ce mi-o făcut „furnicile” dumneavoastră, domnule...

- Vai, nu se poate, doar eu le cunosc, sunt blânde, îl asigura bunicul, nebănuind că „cineva” le-ar fi provocat...

Se afla în sat un ţigan cam trăsnit, era „nebunul” satului. Îl chema Rudy.

- Hai, Rudy, că am o treabă pentru tine, îl chemase odată bunicul.

L-a întâmpinat cu o joardă şi i-a întins-o.

- Rudy, bate-mi te rog câinele.

- Vai, domnule...

- Te rog să-l baţi cu nuiaua.

Rudy s-a apropiat de căţelandrul legat şi a dat în el. Chelălăieli cumplite.

- Mai tare, Rudy. Aşa!...

După asta, chiar din acea seară, câinele făcea un tărăboi imens dacă trecea vreun ţigan fie şi pe partea cealaltă a drumului, darămite să se atingă de gard. De atunci niciun ţigan nu s-a mai apropiat de ograda bunicului.

Pe vremea aceea era încă voie să-i numeşti ţigani...

Ne plăcea să ne scăldăm sub podul de cale ferată. Până acolo mergeam cam un kilometru pe poteca de lângă linii. Şinele erau însoţite de două sârme întinse, susţinute de stâlpişori, ce serveau la transmisiuni, sau bariere, între staţii. Ce ne trecu într-o zi prin minte? Am împletit firele între ele, răsucindu-le cu un băţ, în vârful căruia am fixat o măciucă de lut. Când îi dădeam drumul, băţul se rotea şi catapulta măciuca, care pleca precum o ghiulea.

- Hai s-o pregătim să lovească în tren!

Zis şi făcut. Am „armat" catapulta şi am aşteptat colosul care se apropia.

Ei, dar era un tren militar, plin de ruşi. La una din ferestrele deschise stătea un ofiţer, rezemat cu coatele pe ramă şi aplecat în afară. Tocmai atunci plecase ghiuleaua şi pocnise fix în dreptul geamului. Zgomot asurzitor. Ofiţerul trage semnalul şi trenul se opreşte brusc, după ce parcurge abia câţiva metri. Noi, care eram pitiţi în porumb, o luăm la goană prin lan.

Coboară circa o mie de militari şi se dispersează pe tarla, ca să dea de „vrăjmaş”. Schimbă între ei vorbe, semnale de fluier. Ajunşi la marginea satului, ne aşezăm „cuminţi” cu picioarele în şanţ şi privim cu falsă naivitate desfăşurarea de forţe.

N-au găsit nimic semnificativ, s-au reîmbarcat şi s-au dus.

Am fi putut s-o păţim rău. L-am fi întâlnit poate pe tata, la mină, mai devreme.

A revenit acasă abia în 1958.

Cluj-Napoca, decembrie 2016

Enescu

De la tata ştiu despre concertul dat de George Enescu la Opera Română din Cluj, cândva, în anii dintre cele două Războaie. Sala fusese arhiplină. Studenţii umplusera galeria până la refuz. Concertul a fost un triumf. La sfârşitul spectacolului, tinerii s-au adunat în preajma porţii artiştilor, pe latura „dinspre oraş" a clădirii, aşteptându-l pe maestru. Când a ieşit, au izbucnit urale. Studenţii l-au luat pe sus, ducându-l pe braţe. L-au suit într-o birjă. Au deshămat caii şi au tras-o ei, flăcăii, pe străzile oraşului, până la hotel. Mi se pare că era hotelul Astoria, dar nu mai sunt sigur...

Tata s-a nimerit să călătoreasca, odată, în acelaşi compartiment de *wagon-lit* cu George Enescu. Îmi povesteşte că, înainte de culcare, Enescu a scos din bagaj un gât de vioară şi, silenţios, şi-a exersat digitaţia.

La „École Normale de Musique" din Paris se află Sala Cortot. La 60 de ani de la moartea pianistului român Dinu Lipatti, în faimoasa incintă s-a organizat o seară omagială, unde am aflat că, în anii mai din urmă, alături de Alfred Cortot, „fermenţii", acestui Conservator au fost George Enescu şi Dinu Lipatti. (Lipatti ne-a părăsit în 1950, Enescu în 1955, iar Cortot în 1962). Un contemporan al celor trei i-a evocat şi ne-a povestit că, la 16 ani, Lipatti câştiga locul II la Concursul Internaţional de Pian de la Viena. Scandalizat, Alfred Cortot a părăsit juriul în semn de protest, susţinând că tânărul ar fi meritat premiul întâi... Tot el ne-a relatat că se afla acasă la Enescu când bătuse la uşă Maurice Ravel. Aducea partitura unei noi sonate şi dorea ca Enescu s-o interpreteze la mini-concertul pe care i-l pretindea editorul muzical, înainte de publicarea lucrării. Maestrul s-a aşezat la pian. Avea părul vâlvoi şi părea niţel gârbovit. O dată a cântat sonata după note, apoi a închis partitura şi a doua oară a putut-o interpreta din memorie!

Recent am trecut prin cimitirul Père Lachaise. Mormântul, pe care scrie doar „Enesco", e în plină vedere şi, printre vechile morminte, străluceşte neobişnuit de intens, căci nişte nepricepuţi îl „curăţiseră" cu *Kärcher*-ul, aproape ştergându-i inscripţiile. Aflu, totuşi, descifrându-le, că alături era înmormântată şi soţia lui, prinţesa care l-a batjocorit, întorcându-i spatele atunci când maestrul devenise neputincios. Îmi zic: poate că Enescu n-ar fi trebuit să facă nebunia de a râvni la o „castă" blestemată, căreia nu-i aparţinuse prin naştere...

Iuliu Maniu

Tata îl cunoscuse pe Iuliu Maniu - pe el şi pe ai lui. Vorbea ca despre o mare figură politică, dar era totuşi reţinut şi nu se întrecea în superlative. În schimb, îmi vorbea oarecum bine-dispus despre fratele „tătucului", care fusese „un molatec", inapt pentru politică. I-a prins bine acest „handicap", tocmai asta l-a salvat, căci a rămas în viaţă!

După „Eliberarea" ţării, fratelui lui Iuliu Maniu i s-a permis să ţină în plin centru o dugheană unde repara stilouri cu bilă. Era pe strada Matei Corvin, într-o firidă medievală de vreo doi metri pătraţi, la care urcai câteva „trepţi" de calcar tocit. Pe o firmă de tablă, pe fond galben, era caligrafiat cu pensula, cu scris de mână: „Umplu stilouri cu pastă". Mergeam acolo adesea, cu tata, sau cu bunica, ca să reîncărcăm unicul creion cu bilă al familiei, unul mic, de ebonită, albastru, în formă de suveică, cu ferecături aurii. De după tejghea ne primea un lungan slăbănog, parcă incolor, cu părul sărac, dat pe spate, de o nuanţă incertă. Părinţii zăboveau în prăvălie mai mult decât era nevoie, îi vorbeau politicos, fără să dea însă impresia celor ce i-ar fi auzit că se cunoşteau, de fapt, din „altă" viaţă...

Firida nu mai există. O vreme s-au vândut acolo covrigi, dar ulterior a fost desfiinţată. Au pus o fereastră gotică în locul intrării. Acum, imobilele din acea stradă, ca de altfel multe din centrul medieval al Clujului, au proprietari unguri. Se zice că au primit împrumuturi speciale de la Statul maghiar, ca să le achiziţioneze. La un moment dat, în prăvălii apăruseră afişe subtile, cu tricolor roşu, alb, verde, sub care scria „vorbim şi ungureşte". Subtile – pentru că turistul care „se nimerea" să fie în oraş tocmai în ziua când, în Piaţa Unirii din Cluj, Guvernul... maghiar serba Ziua Naţională a... Ungariei, putea să vadă tricolorul în toate spaţiile comerciale din zonă, ceea ce rima şi cu şlagărul, compus tot atunci, al cărui leit-motiv era înscris pe o banderolă, sub statuia lui Matei Corvin[1]: „*Miénk itt a tér*" – Pământul nostru este aici!

---

[1] Coroane cu tricolorul maghiar sunt plasate sistematic pe statuia lui Matei Corvin. Unul dintre oştenii de la baza statuii este tocmai Ştefan cel Mare, reprezentat cu steagul Moldovei aplecat în semn de supunere. E un adevăr istoric distorsionat – trebuie citit şi textul (devenit şi mai discret ca înainte!) de sub inscripţia „Mathias Rex", impus pe vremuri de Nicolae Iorga : « Pretutindeni învingător, numai la Baia învins, când s-a ridicat împotriva propriului său neam ».

Corneliu Coposu

Corneliu Coposu ne-a fost prieten „de familie" pe linie feminină, pentru că mamele noastre – a mea și a soției – au fost colege cu una dintre surorile acestuia, Livia. Mama soției o cunoștea de la Liceul de fete din Blaj, iar cu mama mea a mers la același liceu la Cluj (care altul, decât „Liceul Regina Maria"?!). Ne-am pupat, deci, ca prieteni de-o viață, atunci când ne-am cunoscut și noi cu el, când l-am întâlnit la Paris, prin anii '90, la Congresul Emigrației Române. Purta un costum gri deschis, la două rânduri de nasturi, și un *trench coat* ivoriu. Din discuția avută, m-au marcat două lucruri: „Problema e gravă, căci vom câștiga alegerile și ne vom compromite" - ne-a mărturisit preocupat – „căci nu avem oameni!". Voia să zică oameni-oameni adevărați. Nu s-a înșelat. Între timp, prima lui previziune s-a confirmat. L-am mai întrebat despre ceea ce ne durea. Seniorul, cu fața suptă și părul cărunt dar îngrijit, cu cărare pe dreapta, s-a apropiat mai mult de mine, mi-a pus cu hotărâre pe umăr mâna lui uscată și tremurătoare, m-a privit drept în ochi şi mi-a răspuns: „Problema Ardealului e o falsă problemă. Nicio cancelarie occidentală nu ar lua în seamă agitaţia iredentiştilor". Era a doua previziune. Eu tot sper ca marele Corneliu Coposu să nu se fi înşelat: toate astea să nu fi fost decât false probleme...

Antonin Ciolan. Şi alţii...

Antonin Ciolan[2] a întemeiat Filarmonica transilvană în 1955. Concertele noastre se ţineau şi, cu o mică întrerupere, datorită unui om sucit, continuă să se desfăşoare în *Auditorium Maximum* al Casei Universitarilor, aşa cum fusese ctitorit de regii noştri şi cum ne-am obişnuit de o viaţă. Cât

---

[2] Ieşean de origine, în 1948 s-a stabilit la Cluj, unde va fi numit dirijor al orchestrei simfonice „Ardealul" şi prim-dirijor al Operei Maghiare de Stat. Ca profesor al „Institutului Român de Artă" şi al Conservatorului „Gheorghe Dima" participă la formarea tinerelor cadre de dirijori: Petre Sbârcea, Emil Simon, Ervin Acel, Liviu Comes, Ion Bogdan Ştefănescu, Erich Bergel. Odată cu înfiinţarea Filarmonicii de Stat din Cluj în 1955 a fost numit director şi prim – dirijor, posturi pe care le va ocupa până în 1970.A fost căsătorit cu pianista Eliza Ciolan, absolventă a clasei Alfred Cortot de la „École Normale" din Paris.

eram mic, mergeam adesea la repetiţiile generale, care aveau loc ziua, pătrunzând în sală pe intrarea laterală, cea care dădea la Club şi Grădina de vară. Îmi amintesc cum, odată, maestrul stătea în ultimul rând şi îşi „urmărea" orchestra, care repeta cu un dirijor invitat. La un moment dat, se ridică val-vârtej, urcă pe scenă, trece de pupitrul dirijorului şi se lansează asupra unui instrumentist, punând degetul într-un anumit loc pe partitură: „Aici este si bemol!".

După Ciolan, am crescut împreună cu ceilalţi dirijori succesivi ai Filarmonicii: Emil Simon, Erich Bergel, Cristian Mandeal. Au fost omagiaţi recent, la Festivalul Toamna Muzicală...

Când frontul a ajuns la Cluj, în octombrie 1944, tata şi familia lui s-au refugiat în comuna Valea Chintăului şi au stat pitiţi în lanul de porumb timp de trei zile, până ce s-au liniştit lucrurile. Nu eram născut încă, n-am fost de faţă şi nu înţeleg pe deplin în ce a constat primejdia. (În acel timp, în casa noastră au fost încartiruiţi soldaţi, iar pe stratul de flori tronase un tanc!). După trecerea frontului şi până la venirea comisarilor sovietici şi a (pseudo)comuniştilor, Clujul s-a aflat într-un vid de putere. În lipsa oricărei autorităţi, un grup de patrioţi au luat iniţiativa de a gera oraşul. Tata a convins pe ţăranii din satele limitrofe, de pildă, să-şi aducă proviziile pe piaţa Clujului, pentru ca lumea să se poată aproviziona cât-de-cât. Tot el a asigurat continuitatea funcţionării instituţiilor culturale ale oraşului, determinând pe alţi oameni inimoşi să preia conducerea acestora – iar unii dintre aceşti oameni şi-au păstrat poziţiile şi mai târziu. Aşa se explică faptul că, de mergeam cu părinţii mei la vreun spectacol, primeam întotdeauna cele mai bune locuri!

Aveam patru ani, eram cu părinţii la baletul „Coppelia", stăteam în fotolii de orchestră, iar pe scenă prim-balerina Larisa Şorban[3] se vrăvuia de mama focului. Mă ridic şi spun cu glas tare: „Uite-

---

[3] Larisa Şorban (n. 30 ianuarie 1926, Graz, Austria – d. 2002, Cluj-Napoca) a fost o prim-balerină a Operei Naţionale din Cluj. A studiat cu Roman Morawski şi apoi, cu Oleg Danovski. A fost a treia soţie a istoricului de artă Raoul Şorban şi a păstrat numele lui după divorţ.

o, că-i numai în combinezon!". Sala izbucnește în râs. Tata, roșu la față, se întoarce către public, cu intenția să-și ceară scuze. Lumea începe să aplaude zgomotos. A fost ultima dată când am mai stat cu părinții în locurile din față...

Cât timp am fost adolescent, mergeam o dată pe săptămână la concert, o dată la operă, o dată la cinema, la teatru mai rar, iar în fiecare duminică ieșeam la Făget, sau la Fântâna Sfântului Ion. În plus, aveam școala și mai aveam timp și să citesc. Nu știu cum se face că acum nu mai am timp de nimic! Nu pot învinui televiziunea. În epoca aceea era prea puțină, iar acum, deși e prea multă, eu oricum nu o privesc.

În ce fel s-au schimbat „vremile"?!

Cluj-Napoca, 25 noiembrie 2106

Refugiu

Fuseseră cinci copii, români băimăreni, din părinți ce-au trăit în fosta Austro-Ungarie și cărora le-a fost dat să se nască în ceea ce devenise România Mare. Leona („Tușa" Leona) era cea mai tânără dintre cei cinci. S-a înțeles de minune cu frații ei Vasile, Dodo (Dezideriu, „Unchiul" Dodo) și Alexandru, dar era privită de sus de sora ei mai vârstnică, Valeria, care, căsătorită fiind cu Ioan P..., un om considerat bogat, o trata cu superioritate. Ba, se mai zice ca Valeriei nici nu-i prea stăteau bine ochii în cap, dar asta nu face parte din poveste...

Soțul Leonei, un oarecare Miclăuș, a murit când fiica lor, Cornelia (Neli) abia avea 4 ani, după care Leona a crescut-o singură.

După Dictatul de la Viena din 30 august 1940, „unchiul" Dodo a fost relocalizat la Sibiu, împreună cu clinicile universitare clujene, care au „plecat" în refugiu. Dodo a convins-o pe Leona să-l lase s-o ducă pe Neli cu el, la Sibiu – ea fiind acum adolescentă - pe motiv că „în Ungaria" nu avea niciun viitor, necunoscând limba maghiară. De la Sibiu, Neli a obţinut o bursă şi a mers apoi ca studentă la Bucureşti, unde a urmat Academia de Înalte Studii Comerciale.

Tuşa Leona, rămasă singură şi ştiindu-şi fata de capul ei, în Capitală, a hotărât să se ducă şi ea acolo. O călăuză a ajutat-o să treacă „frontiera" de pe Dealul Feleacului de la Cluj, furişându-se prin pădurile Făgetului – purtând o simplă valiză cu câteva lucruri, însoţită fiind de încă o femeie, aflată şi ea într-o situaţie asemănătoare. Aşa se face că Leona şi Neli au devenit regăţence.

Neli şi-a constituit o familie la Bucureşti. Ea, care fusese dintotdeauna pasionată de filosofie, a ajuns profesoară de... contabilitate şi finanţe. La vârsta de 100 de ani, răspândeşte în jurul ei seninătate şi voie bună, fiind la fel de vie la minte ca întotdeauna. N-a abandonat filosofia. Consideră, însă, că s-a edificat îndeajuns cu tradiţiile occidentale şi orientale, şi că trebuie să-şi completeze alte lacune – drept care, în acest an e preocupată de studiul... mecanicii cuantice! Iese zilnic să facă mişcare, dând turul blocului cu paşi mărunţi. Nepotul ei o duce, în fiecare duminică, la biserica greco-catolică. Bucureştenii nu prea ştiu ce-a însemnat „unirea cu Roma" şi strâmbă din nas. Popa papistaş, în schimb, e încântat să-l vadă pe băiat atât de asiduu:

- Îşi închipuie, pe semne, că e învăţăcelul meu – spune Neli zâmbind. Nu ştie că-i ortodox şi că în realitate e ateu!...

Râsete

Sora mea era gravidă în luna a şaptea şi se simţea îngrozitor. Avea greţuri, dureri de cap, de şale, nu ştia cum să mai stea şi cum să îndure.

- Hai, telefonează la soacră-mea, îmi zise, fă-mă să râd.

Ridic receptorul, formez numărul şi mă vaiet pe ungureşte:

- Jaj, Major né...

- Da' cine-i?

- Jaj, Major né…

Mă înfunda râsul şi mă înecam, încercând să mă reţin, ceea ce producea în receptor un fel de guiţat, pe care doamna îl interpreta drept plâns.

A doua zi, iar:

- Jaj, Major né…

Iată ce-am aflat pe urmă despre soacra surorii mele. Soţul o părăsise pentru o altă femeie. Apelurile mele telefonice au tulburat-o.

- O fi murit, şi mă sună amanta, gândise ea.

S-a îmbrăcat de doliu şi a urcat pe Calea Turzii, acolo unde ştia că locuieşte rivala. A privit peste gard ; îşi văzu fostul soţ în putere, trebăluind prin grădină…

În reuniunea de familie ne-a povestit intrigată întâmplarea. Nu-mi puteam stăpâni râsul nici atunci. Ea nu ştia de ce râd, şi e bine că nu ştia:

- Jaj, ce copilă nepoliticos este la tine!

Origini

Cu câţiva ani in urmă, un amic publica următoarele:

„Stimate domnule G,

Vă mulţumesc că aţi pomenit numele meu într-o ocazie recentă. De data asta încerc (iar, degeaba?) să vă transmit un sentiment. La revenire în Franţa, după vacanţa petrecută acasă, la Cluj, ne-am oprit într-o localitate maghiară ca să prânzim. Restaurantul era plin cu indivizi solizi, cu părul tuns scurt. Atunci când ne-au auzit vorbind româneşte, chelnerii au refuzat să ne ia în seamă. În cele din urmă, am fost serviţi în scârbă, iar noi am înghiţit cu noduri, simţindu-ne ca între asasini.

Un film pe un *site* redă atmosfera în care au supravieţuit părinţii noştri după Dictatul de la Viena. Noi, în Ardeal, suntem încă traumatizaţi de drama pe care au trăit-o ai noştri, iar experienţa de mai sus ne-a amintit-o.

Bucureştenii nu înţeleg acest lucru...

Norocul face că, pe partea cealaltă a şoselei naţionale, am dat de un alt restaurant. La drumul următor, ne-am oprit acolo. În interior erau acvarii cu peşti, feţele de masă aveau ţesături pe ton albastru (şi nu în veşnicul tricolor roşu, alb, verde), iar personalul ne-a întâmpinat în limba română.

- Sunteţi maghiari?, îi întreb.

- Cum altfel?…

Eu cred însă că, la origine, au fost români, dar se tem să-şi reafirme apartenenţa.”

Sănătate!

Iată că am întâlnit recent nişte oameni drăguţi şi prietenoşi din etnia vecină. Eram la Beliş, unde casa mea de vacanţă era încă neterminată. Mi-au venit însă neanunţaţi prietenii. Am apelat la vecin. Şi-a consultat nevasta. Ne-au invitat pe toţi la masa lor. Din vorbă în vorbă şi neatenţi, ajungem „să dăm” şi în unguri.

- „Ce vină am eu că sunt maghiar?!", se apără amuzat vecinul.

Mă simt îndeajuns de în largul meu ca să-mi permit să glumesc şi să toastez, adresându-mă doamnei:

- Egész segedre, nagy seges asszony!

- Nu e bine cum ai spus!, intervine curtenitor gazda.

Mă prefăceam că nu ştiam că fraza înseamnă : „în cinstea întregului tău fund, doamnă cu fund mare".

- La noi în Ardeal nu aşa se spune?, zic eu, mimând ingenuitatea.

- Cei care te-au învăţat şi-au râs de tine. Se zice „Egészség, nagysagos asszony". „Sănătate, stimată doamnă". Ceea ce ai spus tu e o necuviinţă.

Doar câteva litere diferite.

Le-am spus că greşisem dinadins.

Nu s-au supărat. M-au învăţat şi alte glume, cu jocuri de cuvinte, prea lungi ca să le povestesc aici. Poate la un pahar de ţuică.

„Ţuică", sau „horincă", aşa se spune pe româneşte. „Palincă" e pe ungureşte.

Borş de peşte

Prima mea experienţă plăcută la unguri datează de pe vremea când tata, care era profesor universitar, a fost invitat de colegul său de la Budapesta. Am mers doar noi, bărbaţii, căci mama nu putea lipsi de la şcoală. Gazda locuia într-o vilă cochetă pe colina Buda, înconjurată de ştabi.

- Vino la geam, să-l vezi pe János Kádár (prim-secretarul Partidului Muncitoresc Maghiar!) cum merge să cumpere sifoane de la prăvălia din colţ! Uneori, când sunt în curte, mă invită să jucăm ping-pong...

Colegul ne-a dus la Bastionul Pescarilor (*Halászbástya*) să ne trateze cu un borş de peşte (*Halászlé*). Ciorba ardea, de atâta ardei iute. Îmi amintesc şi acum gustul ei, care m-a fascinat. Memoria gustului e mai puternică decât orice. Iar el a mai adăugat un strat de un deget de *cseresznyepaprika*, pudra provenind din ardeii aceia mici cât o cireaşă...

A urmat vizita de reciprocitate, la noi, la Cluj. Profesorul era acompaniat de asistentul său credincios. Îi vedeam, privind de după perdea, staţionând de câteva minute în dreptul gardului, şi nu ştiam de ce zăbovesc. La un moment dat, tânărul escaladează portiţa. Crezuseră că-i zăvorâtă şi nu găsiseră soneria. Portiţa se dădu într-o parte, de la sine, iar temerarul căzu, rupându-şi pantalonii în fund. Aşa l-am primit în casă, flăcăul ţinându-se tot timpul cu dosul înspre perete. Peste o vreme, am aflat că fusese numit ministru al justiţiei...

Au trecut anii. Am ajuns să locuiesc în Occident şi am dorit să-mi duc şi eu soţia la borş de peşte, la Budapesta, ca să retrăim împreună prima mea experienţă gastronomică. Am întrebat unde era mai indicat să mergem. Găsim locul. Vrem să intrăm, dar suntem refuzaţi – la fel cum ne refuzau pe vremuri, la O.N.T., în propria noastră ţară:

- Nu servim decât grupurile de turişti străini.

- Dar suntem străini!

Degeaba. Plecăm.

Trecem pe ,,*Váci utca*" şi vedem scris : ,,*Ezer év*" - Mia de ani -, numele unui restaurant vestit. Aleargă în întâmpinarea maşinii un majordom cu joben.

- Nu ţineţi seama de semnul de interdicţie. Lăsaţi-o aici pe trotuar, am eu grijă.

Suntem plasaţi în prima sală, cea cu orchestra de ţigani - *Zigány zene*. Îl avertizăm pe chelner, vrem doar borş de peste, se poate? Sigur că se poate.

Lăutarul se apropie să ne cânte la ureche. Soţiei îi displace. Se trage într-o parte. Lăutarul îi bagă şi mai mult vioara sub nas. Ea îl împinge. Tot degeaba. De regulă, până nu-i lipeşti bancnota pe frunte, nu pleacă.

- Se vede că sunteţi un mare grof, îmi spune, chiar dacă aţi pierdut obişnuinţa de a vorbi ungureşte. V-aţi adus nevasta în patrie, dar ea nu e „magyară", nu vibrează la cântecele noastre...

Dacă ar fi ştiut ce român adevărat sunt, ar fi fost mai rezervat... Habar n-avea că unchiul mi-a fost fugărit prin centrul Clujului, ameninţat cu cuţitul, că mamei îi strigau „büdös oláh" (valah puturos)... că strămoşii bunicului se trag din zona lui Ip şi Trăznea... că străbunicul a fost preot şi memorandist, care l-a întâmpinat pe generalul Berthelot la Baia Mare cu un cor în limba română, deşi era înainte de reîntregirea neamului... şi că „magyara" mea era învăţată la piaţă, nici măcar nu cu gemenele din vecini, „cultivate" de părinţi, sperând să îmi stimuleze pofta de mâncare, văzându-le cum înfulecă, rezultatul fiind că ele au învăţat româneşte, dar eu tot mofturos am rămas...

Terminăm borşul şi vrem să ne ridicam. Pentru asta am venit. La data respectivă nu aveam atâţia bani încât să ne permitem un ospăţ complet la un asemenea restaurant. Şeful de sală aleargă înspre noi disperat:

- Vătaful tarafului o să-şi ceară scuze. Am văzut că a jignit-o pe doamna. Nu plecaţi…

Plecarea noastră a fost, cred, suferinţa vieţii sale.

Bunicul

Ungurii ştiu recunoaşte valoarea omului. Bunicul soţiei mele a făcut liceul la Kiskunfeledyháza, unde a fost cel mai bun elev. Deşi român, a fost apreciat la justa lui valoare şi cei prezenţi l-au ovaţionat, fără resentimente, atunci când a fost laureat ca şef al promoţiei.

Începe ca stagiar în Banat. E luat în oastea crăiască, cade prizonier la români, dar cere să lupte de partea armatei noastre. Participă, aşadar, la Primul Război Mondial ca voluntar. E primul ofiţer român care intră în Dejul eliberat. E răsplătit cu un lot de pământ pe aproape, la Reteag. Îşi construieşte casă. A devenit apoi învăţător în acel sat. Tot el a construit acolo şi şcoala. A fost un om respectat de toţi, la fel de fidel misiunii sale chiar dacă pe vremea guvernului Iorga i se amputase salariul. Nevasta lui, care era mai puțin idealistă, ciocnindu-se mai concret de realitățile zilei, îl cicălea; ba, mai mult, i-a trimis lui Nicolae Iorga încălțările copilelor, să le vadă că n-au pingele. Marele Iorga (chiar a fost așa de „mare"? De ce se întorcea și scuipa într-o parte când trecea pe lângă George Coșbuc?!) s-a ofensat și a dat ordin ca bunicul să fie destituit. Noroc că a căzut Guvernul. Bunicul a scăpat...

A început perioada de prosperitate „dintre cele două Războaie". De paște, bunicul s-a apropiat de geam și bunica l-a văzut plângând:

- Sunt atât de fericit. Nu pot să cred că ne este atât de bine!

Au mai trecut niște ani și totul s-a schimbat brusc.

Bunica tocmai începuse un tort. Se făceau pregătiri pentru o mare petrecere. Tortul n-a mai fost însă terminat: l-a găsit din nou pe bunic la geam, plângând.

- Au cedat Ardealul la unguri. Încep vremuri de urgie. O să pierdem tot...

Aşa a fost.

Bunicul a refuzat să depună jurământ de fidelitate regimului maghiar instalat după „*Diktat*"-ul din 1940. Pe de altă parte, „cineva" avusese grijă să consemneze „undeva" faptul că, în 1918, intrase în Dej în calitate de ofiţer al Armatei Române. Era pe o listă ţinută „la zi". Se făcuse, deci, o listă...

Au luat calea refugiului. După război, n-au mai găsit nimic din fosta lor gospodărie.

E adevărat, se refugiaseră pentru că i-au ameninţat cu moartea. Dar nu puteau pune totul pe seama ungurilor. Au trebuit să plece, cert, abandonându-şi rostul. Dar... înainte de a pleca, pentru a nu fi confiscate, bunicul trecuse, de formă, pământurile pe numele unui ginere, care nu putea fugi în România, fiind certat cu legionarii. Însă era Român cu R mare. „Mare" român. A fost condamnat, ce-i drept, mai târziu, la Canal, tocmai din cauza patriotismului, real, iar neamurile l-au divinizat ca pe un „zeu". Dar în viaţa de familie, ginerele fusese, în realitate, un aventurier. Până la terminarea războiului vânduse tot ceea ce-i lăsase bunicul în grijă şi prăpădise / petrecuse / jucase toţi banii. Când bunicii au revenit din refugiu, au găsit casa golită, grădina pustiită, pierduseră totul.

Chiar şi unii „zei" au mai multe faţete. Din cauza acestui „mare român", cealaltă fiică s-a măritat fără zestre, iar bunicii au trăit ultimii ani ai vieţii într-o sărăcie cruntă.

Cinci limbi

La început, Tanti Pampa, altă mătuşă bătrână, nu prea ştia ungureşte - adică se descurca doar atât cât să nu fie dusă de nas, dar vorbea cu teamă, parcă. Îşi amintea mereu evenimente de pe vremea când fusese domnişoară. De exemplu, au mers odată cu carul (!) la Eger, anume, la un restaurant unde cânta „o orchestră de doamne". Înăuntru, părinţii nu s-au amestecat cu tinerii. Ea se aşezase la o masă împreună cu alte colege de-ale ei. Erau mult mai dezgheţate prietenele ei, mai *à l'aise* în rochiile lor, cu umerii goi. Iată că se apropie patru husari. Fetele îi privesc cu jind. Băieţii cer voie să se aşeze şi unul începe să vorbească, neinteligibil:

- Luluguluhahuhahigulul...

O fi zis ceva foarte nostim, căci prietenele lui Pampa râdeau în hohote. Ea, însă, nu înţelesese nimic. Şi tocmai pe ea o priveau bărbaţii aceia cu stăruinţă. Husarul, care o fixa, după ce vorbise, aştepta răspuns. Ce să facă? Îi „răspunde" tot pe limba lui:

- Lulululblablahihi...

Fetele râd şi ele în hohote. Probabil „au înţeles" la fel şi de data asta.

Apoi râd şi husarii.

Ca să danseze nu a fost nevoie de cuvinte.

După această aventură, Pampa s-a pus şi a învăţat ungureşte bine. De altfel, a ajuns să vorbească cinci limbi. Însă, după Dictatul de la Viena, a refuzat să mai vorbească ungureşte. Stăpânea cinci limbi, fără a socoti româna şi maghiara.

Predeal mergem

În trenul accelerat urcă o femeie frumoasă şi distinsă.

- Predeal mergem.

În ciuda bunei dispoziţii ce dăinuia în compartiment, femeia n-a putut fi integrată în conversaţie. Nu vorbea româneşte deloc.

- Doamnă, aţi mai fost pe traseu? Ştiţi unde trebuie să coborâţi?

- Igen, Predeal mergem…

Glasul roţilor de tren... Dâmbul morii, şoseaua, dealurile înverzite ce anunţă munţii...

După ieşirea din tunel, trenul scrâşneşte din frâne.

- Doamnă, aici e Predealul. Trebuie să coborâţi.

- Igen, igen, Predeal mergem.

Nicio mişcare. Locomotiva termină manevra şi trenul o ia din loc.

- Igen, igen…

Pe când iese din zona dealurilor şi trece de Ploieşti, femeia îşi dă seama că a ratat staţia.

- Jaj istenem... Predeal mergem. De ce nu spus?

- Doar v-am tot spus !... Aţi ţinut-o una şi bună...

- Ce nu spus? Ce nu spus la mine? Predeal mergem. Ce nu spus?...

Şi uite aşa a ajuns orbul la Brăila şi secuiul la Bucureşti!

Blesteme

Încercam într-o „superetă" la poalele colinei Gelert din Budapesta să desluşim etichetele de pe sticlele de apă minerală. Care e gazoasă şi care e plată? Intervin două vânzătoare, în limba noastră, şi ne explică. Stăm de vorbă.

- De unde sunteţi?

- Din Secuime.

- Demult?

- Destul.

- Vă place aici?

- Urâm.

- De ce? Nu sunteţi între ai voştri?

- Ne tratează ca pe nişte cetăţeni de mâna a doua!...

Ajungem pe deal. De sus, de pe colină, panorama e splendidă. Se înşiruie podurile de peste Dunăre, se vede Parlamentul, Cetatea...

- Fă odată poza, ce stai atâta?

- Aştept să iasă din cadru tinerii aceia nesimţiţi.

Vânzătoarea de la chioşcul de vederi aude că vorbim româneşte, îşi lasă taraba şi se repede spre parapet, la tinerii care nu mai plecau:

- Sunt nişte derbedei. Lăsaţi că îi alung eu!

- Cum de ştiţi româneşte?

- Sunt din Covasna.

- Nici nu vă întreb dacă sunteţi mulţumită aici.

- Doamne! Îi blestem în fiecare zi! Şi mă blestem şi pe mine pentru greşeala de a fi plecat din ţară...

1918. Iuliu mărşăluieşte cu armata română care defilează în sat.

Fetele din comună le ies militarilor înainte.

Iuliu se îndrăgosteşte de Ilonka, la prima vedere.

- Dacă ai timp, aş vrea să vorbim despre căsătorie, îi spune pe şleau.

Fata îi aruncă în obraz cerneala din călimară şi-i pătează uniforma.

El o urmăreşte, o prinde şi o sărută. Ea se zbate şi urlă, încât intervine întreg plutonul, crezând că-i moarte de om.

- N-am încotro şi chiar trebuie să te iau de nevastă.

A luat-o, dar ea nu a vrut să vorbească cu el şi cu copiii lor altfel decât ungureşte. El, în schimb, le vorbea copiilor doar pe româneşte.

Stereofonia bilingvă funcţiona de ani buni.

Când, la „diktat", în 1940, intra în sat armata maghiară, Ilonka era din nou în prima linie, cu un buchet de flori.

Îl oferă căpitanului.

Acesta îl primeşte distrat şi, tot distrat, îl întinde calului să-l pască. Pentru Ilonka a fost o mare deziluzie. A învăţat româneşte şi de atunci nu a mai vorbit niciodată limba maghiară în familie.

Ne aflăm la etajul unui imobil destul de modest de pe o strada ce urcă în pantă pe lângă Cimitirul Central. Încăperea, deşi îngustă, are o fereastră panoramică ce dă spre morminte, unde verdeaţa şi ciripitul păsărelelor te fac să uiţi orice alt inconvenient.

Femeia îşi aminteşte...

Locuiam într-un oraş transilvănean unde, în timpul Războiului, am văzut scurgându-se refugiaţii veniţi din Ardealul de Nord. Ni se povesteau lucruri oribile despre maghiari, despre cruzimea lor, despre ura ce o nutresc faţă de români, despre masacrarea românilor, despre iredentismul lor etc. Ungurii pe care îi aveam vecini tăceau mâlc şi, deşi cu ei ne avusesem dintotdeauna în relaţii bune, noi, românii, am jurat atunci să nu mai vorbim niciodată ungureşte.

Eu, în afară de rusă, nu vorbesc nicio limbă străină. Nici Suzana Gâdea, fost ministru al învăţământului ceauşist nu vorbea, a şi afirmat acest lucru cu mândrie odată, în public: „Nu am învăţat nicio limbă străină şi, uite, am ajuns ministru!"

Dar, în cazul meu, tărăşenia a fost diferită.

… Imediat după „Eliberare", părinţii îşi mai făceau încă socoteală la care pension să mă trimită: la ursuline la Sibiu, sau la Notre-Dame la Bucureşti? Se mai vorbea că vin americanii şi că ar trebui, poate, să începem prin a învăţa să vorbim englezeşte.

Uite că americanii au venit în cele din urmă, dar nu să ne ajute!

Până una alta, la vremea aceea, părinţii mă zoreau cu lecţiile de pian.

Eu, ca şi copilă, crescută în sensul jurământului făcut cândva, nu vorbeam, aşadar, ungureşte şi întorceam capul atunci când treceam pe lângă şcoala ungurească şi casa lui Ady[4]

---

[4] E vorba de poetul maghiar (o vreme, orădean, altă vreme, parizian) Endre Ady de Diósad (1877 - 1919).

N-am mai ajuns să merg la pension. Să ne mulţumim cu faptul că prin voia lui Dumnezeu am scăpat teferi la casa noastră, căci dintre cunoscuţii noştri unii „au fost luaţi" şi n-au mai revenit.

La liceu, am avut în clasă două fete maghiare, bogate de fel. Fără îndoială se simţeau şi ele vulnerabile, aşa cum şi noi, lipsiţi de origine „sănătoasă", nu ne prea simţeam în siguranţă. Ei bine, ele au învăţat româneşte. S-au perfecţionat de la o lună la alta. Au ştiut să se adapteze. Trebuie menţionat faptul că nu a fost cazul tuturor ungurilor care, în număr covârşitor, vorbeau foarte prost româneşte sau, pur-şi-simplu, refuzau să ne vorbească limba.

Noi, români, nu am reuşit să ne adaptăm la fel de bine acelor vremuri.

Pe cele două colege le întâlnesc şi acum, sunt amândouă „aranjate", dimpreună cu familiile lor.

Una dintre ele se căsătorise cu un ungur din Arad, fiu de pastor, neavând nici el dosarul prea sigur. Cu pastorul a avut două fete, Ariela şi

Angela. Copilele vorbesc perfect româneşte, sunt deplin integrate, se mişcă în cercurile puterii, ba au întreţinut relaţii până şi cu Petre Roman, pe care l-au cunoscut ca studente. De la ele am aflat că Petre Roman ar fi nepot de rabin, că taică-său a fost cândva revoluţionar, ca apoi, în regimul comunist, să ajungă profesor la Politehnică. Ambele fete au posturi bune, „la Stat", au casă, maşină, într-un cuvânt, tot ce-şi poate dori un om.

Noi, mai puţin.

Aveam o bună prietenă de vârsta mea, cu care ne-am nimerit în aceeaşi clasă la liceu – o chema Corina şi era româncă. Nu vorbea ungureşte, fidelă şi ea promisiunii făcute după Dictatul de la Viena. Era fiică de general „vechi". Ai ei se simţeau, pe drept cuvânt, periclitaţi - aveau şi de ce, iar Corina ştia asta. A fost nevoită să se „adapteze" şi ea într-un fel. S-a pus să înveţe limba rusă.

Primul nostru profesor de rusă a fost un nobil polonez, refugiat după invadarea Poloniei, şi nu dascăl de meserie. Evident că îi lipsea pedagogia şi că la orele lui nu învăţam nimic. Am fost uimită să-mi surprind prietena copiind la examenul de rusă - era silită s-o facă, mi-a mărturisit ea ruşinată, „pentru supravieţuire”.

Odată, polonezul a venit în clasă băut – era şi el din neam slav. Ca să-şi bată joc de el, elevii l-au întrebat în batjocură: cum se spune „ţuică”, dar „vin”? Omul a ieşit plângând şi nu a mai revenit. De atunci, la rusă n-am mai avut profesor...

Corina a fost mutată de la şcoala de fete la şcoala mixtă, nou înfiinţată. Eu nu. N-am înţeles de ce. Mai târziu am ajuns la şcoala mixtă şi eu, atunci când şcoala de fete s-a desfiinţat. Acolo funcţiona un profesor de rusă adevărat. Am descoperit că, în lipsa mea, Corina ajunsese prima la rusă. Eu eram, în schimb, nulă. Riscam să repet anul tocmai din cauza limbii.

„Te iert şi-ţi schimb nota dacă te pui pe învăţat”, m-a încurajat profesorul.

Aşa se face că m-am pornit şi eu.

Am ajuns să fiu bună la rusă, deși, date fiind circumstanțele, de atunci am cam uitat-o. Alte limbi n-am mai avut ocazia să învăț.

Pe lângă romăna, rusa e singura limbă ce pot îndrăzni să spun c-o știu!

Și la ce mi-a folosit?!

Nici lecțiile de pian nu mi-au fost de vreun folos...

Sunt mama lui Gelu – numele lui vine de la Eugen. E băiatul meu cel mare.

(Femeia care vorbeşte e mică de stat, însă aprigă în priviri).

Moşu', tatăl meu, avocat cunoscut şi bun patriot, era deja în lagăr pe vremea când eu începeam să pun întrebări despre ceea ce vedeam în jur. Am fost cea mai mică între fraţi, alături de trei băieţi. Ajunseserăm la mare sărăcie. *Mămi*, maică-mea, căreia, după ce tata fusese închis, nu i s-a dat voie să termine studiile de medicină, ne-a pasat pe fiecare la câte o rudă. Aşa se face că eu am crescut la un unchi de la ţară.

Sunt focoasă de fire, pentru că am crescut luptând şi purtând stigmatul condamnării, cu tata închis şi mama scoasă pe tuşă.

În lagăr, tata s-a „specializat" în construcţii. Ulterior, el singur a conceput şi zidit casa în care stăm acum, pe vârf de deal, în Becaşul Clujului. Ca deţinut politic, el cunoscuse miniştri, ofiţeri, oameni de cultură, dar şi meseriaşi, ţărani, ba chiar şi ţigani, care fuseseră cei mai buni dintre cei buni în domeniile lor de specializare - aceştia fuseseră veritabila „elită" a ţării, de aceea au trebuit să dispară, căci regimul nu avea nevoie de valori.

Eroi...

Despre eroism e vorba şi în întâmplarea ce urmează.

S-a petrecut mai târziu, când *Moşu'* revenise deja din închisoare, iar Gelu era într-una din clasele gimnaziale. Avea ca temă de casă, la română, să scrie o „poveste eroică".

Nu ştiu cum a ajuns să citească despre trecerea Nistrului, despre Crimeea, despre submarinul nostru care, pitit pe fund, a aşteptat momentul propice să pornească atacul asupra portului Odessa. A ţesut de aici o „poveste eroică" despre pilotul şi echipajul submarinului, care şi-au impus muţenie şi care au stat cu răbdare, cu vasul lipit pe fundul apei zile în şir, până ce vapoarele care-l căutau, la suprafaţă, au crezut că a plecat. În cele din urmă a lansat încărcătura de explozibil ce a distrus portul rusesc. Răbdarea, ca formă de eroism.

Nicio clipă nu s-a întrebat unde se petrecuse, de fapt, acțiunea.

Spre seară, îl chestionez dacă și-a făcut lecția.

„Hai să văd", zic eu, inspirată.

Citesc.

Fac ochii mari.

Înghit cu efort.

Aplec bărbia.

Trag aer în piept.

Îi spun îngrijorată:

„Dragul mamei, tu nu poți scrie așa ceva, o să înțelegi mai târziu de ce."

M-am pus pe lucru. Ora se făcuse târzie și mă mai străduiam încă să-i fac tema. Mă consultasem cu *Mămi* și *Moșu'*, cel recent ieșit la lumină. În cele din urmă i-am dat-o s-o transcrie, ca să fie de mâna lui, și am putut merge la culcare.

După câţiva ani, nu mai era foarte grav să-i critici pe ruşi. În plus, Gelu învăţase şi el să-şi mai ţină gura. Totuşi, odată, la ora de istorie, nu s-a putut abţine să nu plaseze o vorbă mucalită despre „Conducătorul iubit".

A fost dus la director.

Am fost chemaţi la şcoală, părinţii, amândoi.

Ni s-a relatat cu gravitate exprimarea lui infamantă.

„Dar nu-i aşa?", zic eu.

„Ba nu, că a spus-o în batjocură."

„De unde ştiţi că n-a spus ce credea?", lansez, dându-mi seama că jucam ultima mea carte.

Să-i fi văzut pe ceilalţi cum priveau în jos şi tăceau mâlc!

Izbândisem.

… După ani şi ani, copiii noştri s-au instalat în Canada. Nepoţilor mei li se impune la şcoală „gândirea unică". Din păcate, la limbajul

„*politically correct*” nu vibrez şi nu mai sunt în
stare să-i ajut!

… După ce Eugen a obţinut primul său *job* la Toronto şi a prins ceva rădăcini, m-a chemat acolo pe câteva luni. Mai mult nu îl puteam lăsa la Cluj pe bărbatul meu să se descurce singur, el neputând să mă însoţească, căci mai avea de lucrat un an, până să se pensioneze.

În Canada, totul se desfăşoară la altă scară decât în Europa.

La Toronto, Eugen ajutase, şi el, cu bani, la construirea bisericii româneşti din cartier. Era unul dintre enoriaşii respectaţi. Am fost şi eu bine primită în comunitate. Fiind profesoară de muzică, mi s-a dat „sarcina" să organizez corul bisericesc, ceea ce mi-a adus mare satisfacţie.

La Cluj, un popă din Dâmbul Rotund schimbase deja câteva parohii. Aşa se întâmpla dacă nu „cotizai" unde trebuia. A hotărât să se pună la dispoziţia românilor emigranţi. L-au invitat să vină la Toronto, la biserica cea nouă.

Preotul, un om minunat, era dotat cu har duhovnicesc, dublat de spirit gospodăresc. N-a pus la inimă faptul că românii nu îl primiseră așa cum s-ar fi cuvenit, în ciuda promisiunilor. S-a descurcat singur. A fost activ. Păstorea sute de credincioși. Parcurgea anual 250 000 km în parohie. La slujbele lui, sala gemea de lume. Vocea sa de bariton se împletea minunat cu îngânările corului. Lumea venea la noi de departe, în timp ce alte biserici rămâneau goale.

Și totuși, s-au găsit cârcotași care, în cele din urmă,... l-au „terminat".

„- Sunt prea mulți credincioși, iar el o duce prea bine; se zice că ar fi venit cu o singură valiză, iar acum are casă și mașină..." șușoteau unii - deși în țara aceea toți au venit doar cu o valiză, la vremea lor - și mașină și casă au toți!

S-a găsit o individă care l-a reclamat pentru „hărțuire sexuală", un laitmotiv la modă în jurnalele de scandal. E adevărat că preotul o stropise cu apă sfințită pe sâni, evident din greșeală. Credincioșii fiind de față, ar fi dorit să depună mărturie în favoarea lui; dar legea canadiană nu cere dovezi când e vorba de femei, de soți, sau de copii...

A fost declarat vinovat pe baza unui simplu denunț!

A fost demis din funcție.

A intervenit presa: o să fie, cu siguranță și alte plângeri, au găsit cu cale să avertizeze jurnaliștii. Au făcut mult zgomot pe tema asta. S-au găsit, într-adevăr, destui care să-l denigreze în continuare.

Pierzându-și slujba, preotul nu și-a putut plăti ratele, banca l-a scos în drum împreună cu întreaga familie, iar fiica lui și-a tăiat venele. În cele din urmă, toți i-au întors spatele.

„- Înțeleg un lucru, îmi zice Eugen: Canada nici nu e un stat, e o zonă, un experiment; ar fi făgașuri, dar de fiecare dată direcția adoptată e alta; la asta conduce multiculturalismul îmbinat cu corectitudinea politică. Ajungi să nu mai înțelegi nimic."

Am cutezat să judec şi eu situaţia. M-am adresat fiului meu cu tonul profesoral de care nu mă pot debarasa, agasată şi de experienţele - traumatizante, aş zice - trăite ca dascăl în sistemul şcolar:

„- Eu sunt de părere că sursa injustiţiilor e falsa egalitate. În numele egalităţii rău înţelese, s-a ajuns să nu ne mai fie îngăduit să ne deosebim între noi din punct de vedere cultural, etnic, istoric, nici chiar sexual[5]. Nu avem voie să fim diferiţi unii de alţii. Asta a jenat norodul şi în cazul preotului, zic eu. Fusese ‚mai altfel' decât ‚egalii' lui.”

„- Egalitatea ar trebui să însemne dispariţia inechităţii şi nu e totuna cu egalitatea uniformiza(n)tă, tot aşa cum liberalismul nu e acelaşi lucru cu libertatea, mă susţine Eugen. Dar asemenea diferenţe nu sunt înţelese de mase.”

„- Nici măcar de jurnalişti, adaug. Cer, de pildă, egalitate între bărbaţi şi femei. Femeia va fi egală bărbatului doar când nimic nu o va deosebi

---

[5] E ideologia „asemănătorismului” („*du même*”).

de el! Lucrul acesta nu se va realiza niciodată. E aberant să credem că identitatea sexuală ar fi o construcție socială, care nu ține cont de impregnarea hormonală, de sexualizarea creierului încă de la naştere. Nici teoria „genului" nu poate dăinui."

„- Altă inepție, care însă a reuşit să bulverseze o întreagă generație de tineri şi să distrugă nucleul familial al societății. Dispar frontierele, ajungem la o constituție unică, la aceea de a fi cetățean al lumii, la aceea de a accepta un guvern mondial – şi am eliminat bogăția ce se găsea în diversitate! Ori, esența adevăratei egalități se află în complementaritatea asigurată de pluralitate!"

… După cele întâmplate, Eugen a decis să plece din Canada. A revenit acasă.

> *"... în regimul comunist binele poate fi realizat numai întîmplător, pe căi ocolite, ocolite şi nelegale, nelegale adică neconforme cu principiile, prin urmare neprincipiale."*
>
> (N. Steinhardt, *"Jurnalul fericirii"*)

- Am fost, şi eu, la Cluj. Cunosc bine oraşul.

Omul avea categoric chef de vorbă.

Capul uriaş, plete albe de haiduc, corp masiv, dar totuşi sportiv. Mi-i închipuisem pe polonezi supli şi distinşi. Acesta era însă un uriaş impozant, îmi amintea de un urs grizzly.

- Vă dau o sută de dolari dacă îmi ghiciţi vârsta.

Nu am ghicit-o. Începe să povestească fără să-l rugăm.

- Cu ani în urmă, am fost în vacanţă în România, pe Litoralul Mării Negre, aşa cum se mergea într-o vreme de la noi, căci erau puţine destinaţiile unde ne era îngăduit să călătorim. Femeile se duceau şi singure – iar acolo îşi făceau de lucru cu bărbaţi, chiar şi cu ţigani. Eu am avut însă un alt obiectiv. Plecam pe urma părinţilor mei. Pentru noi, Războiul a început în septembrie 1939, nu în 1941, cum scrie în cărţile de istorie ruseşti. Nemţii au intrat pe la vest, apoi i-au aşteptat pe ruşi, aşa cum fusese înţelegerea Ribentropp - Molotov. Ruşii au pătruns în Polonia, într-adevăr, şi ei, pe la est, după două săptămâni. Eram prinşi din două părţi ca într-un cleşte. Singura frontieră liberă era cu România, cu care ne învecinam la data aceea. Norocul nostru a fost că românii au ţinut-o larg deschisă. Pe acolo s-au scurs refugiaţii polonezi, mai întâi în România, ca apoi să se răspândească în lume. Membrii guvernului ţării noastre fugiseră din ţară cu avionul, lăsându-ne de capul nostru. În refugiu, ai mei au stat un timp la o familie din Cluj şi mi-au povestit multe despre oraşul care atunci fremăta de viaţă. Am vrut să cunosc şi eu acele locuri. Şi pe români...

Omul mai avea de povestit despre o altă inexactitate din cărţile de istorie. Era băiat de vreo 10 - 11 ani, în clasă primară, când fusese surprins de bunic răsfoind una din acele cărticele de îndoctrinare stalinistă antifascistă, destinată copiilor. Scria acolo despre uciderea ofiţerilor polonezi, la Katyn, de către nemţi, în 1941.

„Nu a fost în 1941, ci în iarna lui 1939 şi primăvara lui 1940!", îi spune bunicul, care aruncase o privire. „Ştiu precis, pentru că am reuşit să scap cu viaţă. Deşi eram legat la mâini, am izbutit să sar din trenul care ne ducea la pieire. Pe atunci, acolo nu erau nemţi, ci stăpâneau ruşii. Ruşii i-au omorât pe ofiţerii noştri!", se oţărî bătrânul.

Au trecut nişte ani. La şcoală se reiau lecţiile de istorie la un alt nivel. Iar vine vorba despre Katyn. Băiatul ridica mâna:

„E o greşeală în carte. Evenimentele de la Katyn au fost în 1939”.

Pauză de gândire.

„Nu se poate. Tu de unde ştii?”

„Mi-a spus bunicul.”

Ora se suspendă. Copiii primesc pauză şi năvălesc zgomotoşi în curtea şcolii. El e dus la direcţiune. Repetă ceea ce ştia. Profesoara ridică din umeri, cu o privire întrebătoare. Directorul face un semn: i se permite să plece. Acasă povesteşte părinţilor întâmplarea. Tata, care nu mai fuma de câţiva ani, se ridică şi aprinde ţigară după ţigară. Mama plânge.

A doua zi, băiatul e luat de acasă şi dus la secţie.

„Cine ţi-a spus?”

„Bunicul.”

„Unde e bunicul?”

„E mort de trei ani.”

El a fost eliminat de la şcoală pentru două săptămâni, iar tatăl a „luat" două luni. Au scăpat uşor.

Eu deduc că, la fel ca noi, polonezii au cunoscut şi ei regimul de teroare.

- Cred că în tot acest timp aţi avut de partea voastră biserica, spun eu.

- Da de unde. Toţi preoţii erau vânduţi Securităţii statului.

- Şi cei care s-au opus?

- Şase preoţi catolici au fost omorâţi. Nu au „colaborat".

Doar şase? - îmi zic eu. Nu pot să nu mă gândesc la faptul că de la noi au fost închişi şi exterminaţi aproape toţi preoţii greco-catolici...

Singura frontieră deschisă polonezilor fusese a noastră. Şi ne-am purtat frumos cu ei. De la noi au putut pleca mai departe în lume. Nu ne-au uitat. Nu aşa s-au purtat cu noi ungurii. În iunie 1940 ruşii ne luau Basarabia şi Bucovina. Au

„intrat" şi ungurii, dinspre apus, cu două luni mai târziu decât ruşii, în august 1940. Ca invadatori. Ne-au batjocorit la Cluj în plină stradă. Ne tratau drept „valahi împuţiţi". Ne-au ucis bestial şi planificat la Ip şi Trăznea. Ei şi francezii au fost cei mai înrăiţi vânători de evrei. Primul lot de evrei ajuns la Auschwitz a fost din Franţa. Cele mai numeroase transporturi au fost din Ungaria. Din Ungaria Mare, adică şi de la Cluj. La Auschwitz e expusă o hartă care arată ţările şi oraşele de unde au fost deportaţi evreii. De la noi nu au fost. Vezi Bucureştiul, vezi restul României, curate. Doar de la Cluj i-au luat, din Clujul care era sub unguri. Şi totuşi, evreii ţin şi acum cu ungurii...

Omul ne spune că lagărul de la Auschwitz a fost instalat de nazişti imediat după ocuparea ţării în 1939, într-o fostă unitate militară, pentru întemniţarea luptătorilor antifascişti polonezi. După în 1941, acolo au mai fost aduşi ruşii capturaţi pe front. Prizonierii polonezi şi ruşi au fost primii ucişi, cu titlu experimental, prin gazare în propriile lor celule. Abia după 1943 au fost aduşi în lagăr evrei şi s-a pus problema exterminării lor sistematice. Se zice că, la un moment dat, din clipa sosirii trenului şi până ce pasagerii erau cenuşă, treceau trei ore... Aproximativ o cincime dintre ei erau însă „cruţaţi", căci lagărul de la Auschwitz-Birkenau (acesta din urmă fiind o extensie a primului) devenise o întreprindere pe acţiuni. Concernul „I.G. Farben" construise un „parc industrial" în vecinătate, iar de munca gratuită în acele uzine au profitat numeroşi „investitori" fără scrupule, europeni şi transatlantici, regina Angliei numărându-se şi ea printre aceştia! La urmă, când frontul se apropia şi mâna de lucru devenise rară, nemţii îi puneau pe toţi deportaţii la muncă. Trei luni trăiau, în medie, până mureau de extenuare…

Suntem lângă fosta uzină de armament, dezafectată, a cărei hală se întinde cât vezi cu ochii, adiacentă lagărului. Vântul şuieră prin deschiderile ferestrelor oarbe, aducând miros de mucegai, gudron şi tristeţe. Pletosul ne face semn să ne apropiem şi ne spune:

- Să nu uităm, totuşi, că la data aceea Stalin făcuse deja, pe timp de pace, 12 milioane de morţi.

E bine că polonezul a pomenit acest lucru...

După Război, au fost instaurate regimuri de teroare şi la ei, şi la noi.

Mi-am amintit de oamenii noştri, ucişi cu miile după ocuparea Basarabiei şi Bucovinei: la Fântâna Albă avem şi noi Katyn-ul nostru. Şi de condiţiile inumane de detenţie din închisorile noastre comuniste – e suficient să citeşti cum le descrie Steinhardt.

Au fost călăii noştri mai răi decât torţionarii polonezi? Probabil că da. Am fost şi suntem mai răi în multe privinţe. Noi suntem dezbinaţi chiar şi acum, în timp ce polonezii sunt un popor unit. Şi demn. Să fie religia catolică secretul superiorităţii lor aparente? Cel puţin asta-i impresia pe care o ai când îi vezi îngenunchind, cu mic cu mare, şi rugându-se, păstrând privirea aţintită înainte. Acolo n-ar face nimeni turul bisericii târându-se în genunchi.

Aflăm, în fine, că pletosul are 79 de ani. După ce s-au schimbat vremurile şi atâta timp cât a fost în putere, a muncit în Anglia (descărca zahăr, în saci, de pe vapoare, la Liverpool), apoi în Africa de Sud, în Statele Unite, în Australia şi Indonezia, chiar şi în Rusia, pentru ca „la bătrâneţe" să revină în cele din urmă acasă – dar continuă să fie activ şi încă mai duce, cu maşina lui, turiştii la Auschwitz.

Îşi încheie turul ghidat cu glas răguşit:

- Auschwitz e un cimitir deschis. Se pot afla aici chiar şi 45 de mii de vizitatori la un moment dat. Păcat ca l-au transformat într-un fel de industrie...

Apoi se îndreptă spre mine şi adăugă un mesaj personal:

- Vara trecută am mai dat o raită pe la Cluj. Am vrut să fiu sigur că mai apuc să revăd în viaţă câteva familii de prieteni. Aveţi un oraş frumos.

Cracovia, 13 martie 2017

Dana era o doamnă cu înfăţişare încă „tânără" - în ciuda vârstei ce i se citea, totuşi, vizibil, pe chipul altminteri senin, mai cu seamă pe ochii adânc înfundaţi în orbite.

- „Din prima zi de război, tata a fost mobilizat ca medic militar pe frontul de dincolo de Prut."

Povestea pe care o relata începuse în primăvara lui 1918, când Sfatul Ţării de la Chişinău a decis unirea Basarabiei cu România[6] - asta după ce, cu câteva săptămâni mai înainte, Germania şi Austro-Ungaria impuseseră Radei de la Kiev recunoaşterea unirii Galiţiei şi Bucovinei

---

[6] La 27 martie/9 aprilie 1918, ţinând cont de numeroasele adresări ale populaţiei din ţinut şi de imposibilitatea păstrării, în acea conjunctură politică şi militară, a independenţei Republicii Democratice Moldoveneşti, Sfatul Ţării a decis prin vot unirea Basarabiei cu România. Pe de altă parte, Congresul general al Bucovinei, la 15/28 noiembrie 1918, a votat "Uniunea necondiţionată şi pentru vecie a Bucovinei, în vechile hotare până la Ceremus, Colacin şi Nistru, cu Regatul României".

într-un regat autonom în cadrul Austro-Ungariei[7].

Nu mult după cele două evenimente, la Kiev era

instaurată stăpânirea bolşevică[8]. Ucraina, care la

origine fusese o creaţie a nemţilor, cu scopul de a

le sluji interesele, smulgând-o de la imperiul ţarist,

a ajuns să servească interesele noii Rusii,

încorporată ca Republică Sovietică.

Ruşii ne-au luat Basarabia în 1940 prin

tratatul Ribbentrop - Molotov[9], împreună cu

Bucovina de Nord. Ţinutul Herţa fusese luat şi el

ca „supliment", nefiind menţionat în tratat.

Bolşevicii au reuşit apoi performanţa de *„a treşe*

scrierea moldovenească de la alfavitu latin la

alfavitu rus, pe teritoriul întregii RSSM, de la 1

---

[7] La 9 februarie 1918

[8] La 29 noiembrie 1918

[9] Conform prevederilor Protocolului adiţional secret la Tratatul sovieto-german de neagresiune, semnat la 23 august 1939, Uniunea Sovietică şi Germania îşi asumau dreptul de a decide soarta Finlandei, Estoniei, Letoniei, Lituaniei, Poloniei şi a României. Punctul trei al Protocolului adiţional secret menţiona cointeresarea URSS faţă de Basarabia. Bucovina, care nu a fost vreodată parte componentă a Imperiului rus şi nici a Ucrainei, nu este menţionată în Protocolul adiţional secret. Pretenţiile asupra Bucovinei, înaintate de URSS în 1940, au fost o plăsmuire a aparatului diplomatic stalinist.

mart anu 1941". Au pierdut-o, însă, în 1941, în urma înaintării armatei noastre până la Nipru[10].

- „Deşi eram în plin război, a avut loc o spectaculoasă reintegrare a Basarabiei în Statul român, îşi continuă Dana povestirea. Mulţi oameni ambiţioşi, inclusiv cunoscuţi de-ai noştri, au plecat atunci dincolo de Prut, ca să ocupe posturile rămase vacante în administraţie şi industrie.

„Mătuşa mea din partea mamei s-a instalat la Chişinău, unde „*Nenea*", soţul mătuşii, luase în primire o uzină de textile. Aşteptase de mult un asemenea prilej. Inginer de profesie, întreprinzător din fire şi bărbat frumos, nu ocupase până atunci decât poziţii mărunte. Locuiau în uzină, la etajul clădirii în care se aflau birourile. Pentru *Nenea*, noua poziţie reprezenta un salt imens în carieră şi,

---

[10] Intrată în luptă la 22 iunie 1941, Armata română, a eliberat până la 26 iulie 1941 toate teritoriile răpite, trecând de a doua zi la eliberarea întregului spaţiu românesc de „la Margine " (din Ucraina), până la Nipru. Treisprezece judeţe au intrat sub administraţie românească directă.

mai ales, o sursă nesperată de venituri. În scurt timp, el a devenit extrem de bogat."

Începe o nouă poveste. Este vorba tot de redesenări de frontiere. Altele. Parcă ar fi fost în oglindă. De la 1918 pornesc amândouă. Când, după Primul Război Mondial, s-a creat România Mare, celor care n-au vrut să rămână în Ardeal (moșieri, proprietari de palate, de imobile) li s-au răscumpărat proprietățile de către Statul român, lucru consfințit atât la Trianon, cât și în cărțile funciare din acea vreme. Marile moșii ungurești au fost răscumpărate cu prilejul reformei agrare[11], care avusese loc tot atunci în întreaga țară.

Cine și-ar fi putut imagina că, ani mai târziu, în perioada Dictatului de la Viena, cei care au revenit ca „stăpâni" temporari în Ardealul de Nord vor fi reînscris în cărțile funciare pe foștii proprietari, deși ei primiseră deja despăgubiri?!

---

[11] Din 1920.

Obrazul Danei se împurpurase.

- „Cât timp a durat Al Doilea Război Mondial, noi, cei rămaşi acasă, nu am resimţit vreo lipsă. Nici vecinii noştri. Copiii îşi vedeau de şcoală, tinerii de iubirile lor, iar adulţii se străduiau să avanseze în carieră. Însă Turda era la 30 de kilometri de „vama" Feleacului şi, după Dictatul de la Viena din 30 august 1940, am început să vedem sosind clujeni, şi nu numai, care se refugiau, alungaţi de hortişti. Unii dintre ei lăsaseră în urma lor totul. De pildă, vărul meu dinspre tata a refuzat să depună jurământ noilor autorităţi, a fost ameninţat şi a trebuit să fugă. Şi-a abandonat gospodăria. A stat la noi un timp şi a aşteptat cu încredere sfârşitul războiului. Aşteptările astea!..."

Dana oftă şi păru că se întristează. Îi reveneau noi amintiri de pe frontul „de est".

- „În perioada când era mobilizat ca medic militar la Tighina, în sudul Basarabiei, profitând de prezenţa mătuşii la Chişinău, tata ne-a chemat să-l vizităm la locul de muncă."

Au fost nevoiţi să aştepte mai întâi trei săptămâni la Chişinău, până ce le-au fost eliberate actele.

- „Văd şi acum cu ochii minţii uzina şi clădirea birourilor şi aranjamentul din camerele de la etaj, spuse schiţând din nou un zâmbet larg. Am fost găzduiţi şi noi acolo, în locuinţa de funcţiune a precedentului director, ocupată acum de către *Nenea*. De sus, observam oamenii care veneau la muncă liniştiţi. Păreau mulţumiţi, iar *Nenea* le vorbea prieteneşte, satisfăcut şi el, în sinea lui, de profiturile pe care le făcea. Din banii pe care-i câştiga, cumpăra pământuri şi case."

De la Chişinău, după un voiaj lung cu trenul, au ajuns la Tighina. Nici acolo nu se simţea că era război. Ce-i drept, Dana avea atunci doar patru ani şi preocupările sale erau reduse. Universul ei se limita la jocul cu păpuşi ruseşti *matrioşca*. Tatăl lipsea peste zi, era dus cu o maşină la spitalul militar, situat înafara localităţii, iar seara revenea şi erau din nou împreună. Asta a durat o lună, după care vizitatorii au revenit la Turda.

- „Peste câteva luni, mama s-a întors la Chişinău, căci aşa fusese stabilit: urma să fie naşă la copilul care trebuia să se nască. Era al doilea copil al mătuşii cu *Nenea*. Primul fusese băiat, iar acum era vorba despre o fetiţă. După naştere, *Nenea* a anunţat că va fi „cea mai bogată partidă din Basarabia" – aşteptare care însă nu s-a realizat. Ajunsă la faţa locului, *Nenea* n-a mai vrut-o pe mama de naşă. A insistat s-o înlocuiască cu propria-i amantă, una cu părul roşcat. Se vorbea că individa îşi mai făcuse de lucru cu ofiţeri superiori, în preajma frontului. Ştiam cu toţii că *Nenea* era un afemeiat, dar la o asemenea obrăznicie nu ne-am aşteptat."

Dana deveni gânditoare.

Mama ei s-a întors de la Chişinău cu daruri, dar fără năşie.

Au primit peste câteva luni o carte poştală, cu legenda scrisă în rusă, reprezentând un bulevard ce nu ducea niciunde, mărginit de arbori şi bănci, în care tatăl strecurase, ca din întâmplare, faptul că „Odessa e frumoasă". Corespondenţa de pe front era cenzurată, dar ilustrata scăpase neobservată, iar ei au înţeles că tatăl nu se mai afla la Tighina. Peste un timp, le-a dat să priceapă că se deplasase cu frontul din nou, şi mai încolo, spre est.

Era încă înainte de dezastrul de la Stalingrad. Mama avea presentimentul că nu era vreme de pierdut. Din acel moment, s-a concentrat asupra unui obiectiv: să-şi aducă soţul acasă. A mers la Bucureşti, unde a rămas două săptămâni. Îi avertizase: „Aştept acolo cât e nevoie". A răzbit să intre la Statul major, ajutată fiind de un colonel, şi nu s-a dat bătută până nu a primit promisiunea că bărbatul ei va fi rechemat de pe front – că va continua să fie ofiţer, dar la spitalul militar din Turda.

Intr-o seară au auzit în uşă: Cioc-cioc. „E tăticul!" a strigat fetiţa. Aşa a şi fost.

Ulterior, *Nenea* a divorţat, a luat-o de nevastă pe „roşcată" şi i-a ignorat pe cei doi copii ai lui din prima căsătorie. Copilul cel mare a fugit în Occident prin anul 1947, iar cea mică a fost crescută la Turda, în familia Danei.

Odată cu Retragerea, noi, românii, am pierdut Basarabia, iar *Nenea* a pierdut moșiile și averea de dincolo de Prut.

Se schimbase Regimul și în țara noastră.

Vărul Danei dinspre tată, care petrecuse refugiul la Turda, s-a reîntors în satul din care fusese alungat, dar a găsit casa golită și ograda pustiită.

Nenea a revenit însă la București, unde a fost bine primit. I-au dat casă de la Guvern, o vilă pe strada Crângului, lângă Lacul Floreasca. Acele case aparținuseră cândva unor oameni înstăriți, care fie că fugiseră din țară, fie că fuseseră pur și simplu expropriați[12].

În realitate, ea, roșcata, era cea bine văzută de comuniști. Avea intrare la Ana Pauker, de pildă.

---

[12] ... expropriați și/sau exterminați !

Probabil că inițial a fost agentă bolşevică, aşa cum au rămas în spatele frontului numeroşi partizani ai sovietelor după retragerea ruşilor din Basarabia. Aceştia au provocat actele de sabotaj la care ai noştri au fost nevoiți să riposteze.

În urma morții Tătucului Stalin[13], datorită eliminării principalilor agenți kominternişti, în frunte cu Ana Pauker, de către grupul „naționalist" al lui Gheorghiu-Dej[14], categoria de comunişti sprijiniți de Moscova a căzut în dizgrație şi, sub pretext că băiatul lui *Nenea* era „fugit" în Occident, l-au închis pe *Nenea* şi l-au divorțat de roşcată cu sila.

A urmat „disidența" lui Dej față de linia Moscovei[15], moartea acestuia[16] şi instaurarea regimului lui Ceauşescu.

Dana mă privea dintr-o dată amuzată:

---

[13] 5 martie 1953

[14] Plenara CC al PCR din 26-27 mai 1952

[15] 15-22 aprilie 1964, "Declarația din aprilie"

[16] Moarte provocată, probabil, prin iradiere, la 19 martie 1965

- „*Nenea* a rămas „comunist" chiar şi după ce a ieşit din închisoare. Tot restul vieţii a avut „proptele" şi a dus-o bine. Roşcata a supravieţuit la rândul ei tuturor acestor schimbări. E bătrână acum, dar trăieşte şi în ziua de azi bine mersi."

Dana trecu de la masă pe divan, ca să mă privească mai de-aproape.

- „Dacă vrei să-ţi crească tensiunea, ascultă numai o clipă cum a continuat povestea vărului meu dinspre tata. În 1944, după „Eliberare", înscrisurile hortiste din cărţile funciare au fost declarate nule de drept, dar regimul comunist, scontând să fie veşnic, nu s-a deranjat să le mai refacă. Iar acum, în lumea întoarsă pe dos în care trăim din 1989 încoace, judecătorii corupţi au repus în drepturi pe foştii uzurpatori, pe motiv că aşa figurează în acte.

„Întreg satul, cu case cu tot, a fost trecut în proprietatea fostului grof, care s-a manifestat deja ca stăpân al locului: într-o bună zi, le-a retezat oamenilor toţi pomii pe care îi plantaseră în grădinile de pe coasta dealului. Dreptul proprietarului funciar! Cei care au protestat, au primit amenzi din partea autorităților noastre şi scrisori de ameninţare, cum că sfidează justiţia şi denigrează ţara în faţa Occidentului. Vărul meu, care deja pierduse o dată tot ce avea, s-a aprins cam prea tare în faţa nedreptăţii. Şeful de post, cu care era prieten la toartă, l-a prevenit că nu avea cum să-l mai apere. A fost nevoit să plece din sat a doua oară, de frică, tocmai acum, la bătrâneţe. Îl găzduim tot noi, ca şi prima dată. Aşteptăm să vedem cum vor evolua lucrurile.

„De altfel, ne-am obişnuit deja să adăpostim la noi rude în vremuri de restrişte, în aşteptare..."

În încăpere era răcoare.

Dana a pus ceşcuţa de cafea pe măsuţă şi s-a mutat de pe divan înapoi pe scaun, acoperindu-şi genunchii cu un pulovăr de lână.

- „Cu roşcata, *Nenea* avusese un băiat, care acum e mare om de afaceri. Se înţelege bine cu sora lui vitregă, cea care crescuse la noi, şi care acum e farmacistă. Odată, când eram cu toţii la ea acasă, l-a învinuit că e „securist”. Băiatul s-a dezis şi i-a spus: ‚Securist a fost doar tata. Azi se tot spune că ţara e în mâinile Securităţii, deşi generaţia lor a apus! Serviciile secrete sunt în mâinile altor lepădături. Dacă însă unul ca mine am drept interlocutor un fiu de fost securist, ştiu că e un om cu minte rapidă şi pe care mă pot baza. Asta-i singura mea vină! Iar meritul meu e că nu aştept să-mi vină norocul, ci îl caut acolo unde se află – lângă Putere. La naiba cu atâtea aşteptări!'

„Unii au ştiut să nu aştepte, alţii – dimpotrivă, au tot aşteptat. Câţi n-am aşteptat să vină americanii?!” – îşi încheie Dana voioasă istorisirea.

Îşi sprijină tâmpla cu cotul rezemat pe masa nestrânsă, în mijlocul căreia mai trona platoul cu tortul rămas neînceput.

Propaganda asta, războinică şi mincinoasă, mă înnebuneşte! În rândurile următoare, însă, e vorba despre amintiri trăite, dintr-un război în curs de desfăşurare, nu despre unul „pregătit"…

***

Când, în 1944, s-a apropiat frontul, părinţii mei au decis să ne refugiem la munte. Bijuteriile, argintăria, aşternuturile, fuseseră duse acolo mai demult. Nu puteam lăsa casa singură, aşa că cineva trebuia să se sacrifice şi să rămână de pază. Bunica s-a oferit să stea: „Ce-ar putea să-mi facă, mie, femeie bătrână?..." A mai luat la dânsa încă două babe. Au chibzuit cum era mai bine şi au decis să se instaleze, din capul locului, în beci.

La început au venit nemţii. Convieţuirea cu ei s-a desfăşurat în mod civilizat. Nimeni nu a fost încartiruit în casa noastră, dar ofiţerii au ochit-o şi le-a plăcut înăuntru. Veneau în fiecare seară, se instalau în salon şi jucau cărţi. La plecare, încuiau şi restituiau bunicii cheia. Peste drum înfiinţaseră un fel de cantină de-a lor. Bunicii şi celor două femei li se îngăduia să intre şi să cumpere de acolo câte una-alta. Acasă mai aveau şi ele provizii, dar era mai prudent să le cruţe, în măsura în care era posibil...

S-a mutat frontul.

Venirea ruşilor s-a desfăşurat într-un vacarm impresionant. Încăperile beciului rezonau sinistru şi zidurile bătrâne vibrau din toţi rărunchii la trecerea fiecărui blindat. Cele trei femei stăteau pitite şi se priveau îngrozite. Apoi, linişte şi iar huruit. Şi, dintr-o dată, o bubuitură cumplită: „Ne-or fi îngropat sub dărâmături", opinase bunica, pornind vitejeşte să caute târnăcopul şi lopata, pregătite dinainte anume pentru o asemenea situaţie!

N-a fost nevoie să sape. Nimic nu se prăbuşise, în afară de un zid, o vitrină, de fapt. Ce se întâmplase? La parterul casei aveau închiriate două magazine. Unul dintre ele era o ceasornicărie.

Nişte ruşi au intrat cu tancul direct înăuntru, prin perete. Au strâns în grabă toate ceasurile din prăvălie şi s-au dus mai departe!

Nici de data asta n-a fost nimeni încartiruit la noi, dar casa şi grădina ne-au fost „vizitate" tot timpul. La un moment dat, au vrut să instaleze un tun în curte. Bunica s-a dus la ei şi s-a rugat să se îndure şi să nu-l pună. Cu mătănii, semnul crucii, jeluire, i-a înduplecat. Mai crunt a fost când o bandă de ruşi beţi au vrut să dea foc casei. Numai aşa, ca să se amuze. Iar a intervenit bunica şi a reuşit să-i potolească în parte. Doar în parte, căci dorinţa de a face rău n-a putut să le-o stingă. Au ajuns acolo unde ne ţineam proviziile. Au scos în curte tot ce-au putut – măcar de le-ar fi jefuit ca să se hrănească! – zahăr, făină, cartofi, fidea, ulei,... le-au îngrămădit într-o stivă şi le-au dat foc...

E o ilustrare timidă a cruzimii şi ridicolului războiului!!

... Iar acum, mass media tot la război ne
incită. Şi-au pus în cap cei de peste Ocean că vor
război, iar jurnaliştii le cântă în strună.

Istanbul. Viitorul nostru partener, improbabil, al Uniunii Europene... Mi se întâmplase deja în numeroase rânduri să mă aflu în străinătate şi să agrăiesc persoane crezând că le cunoşteam „de acasă"! În Turcia, acest lucru mi se nimereşte cel mai frecvent.

La fel ca şi Statele Unite ale Americii, mai târziu, Turcia a fost şi ea, la vremea ei, un veritabil *melting pot.* Imperiul Otoman jucase rolul unui uriaş ceaun, în care s-au contopit neamuri, deja cu sute de ani înainte ca Statele Unite să fi apărut pe hartă. Să ne gândim, de pildă, la copiii ce-i dădeam Porţii împreună cu haraciul, care au devenit apoi ieniceri...

E suficient să stai pe marginea unei alei din Parcul Gezi, în cartierul Taxim, să priveşti la cei care trec, ca să te frapeze mereu asemănarea câte unui trecător cu cineva ştiut.

***

Un om parcurgea aleea, răcnind.

Nu era un jegos, doar fizicul îi era profund degradat.

Oamenii ascultau o clipă şi îl lăsau să treacă.

Individul striga şi plângea.

- Ce-i cu el?, întreb.

- Vai de capul lui! Lăsaţi-l în pace!, răspundea lumea, văzându-şi de-ale ei.

- E cumva kurd? Cum de-l lasă aşa?

Un bătrân pitoresc, masiv, cu părul luminos, cu chipul ascuns aproape integral îndărătul unor mustăţi stufoase, îmi spune:

- E turc. Îşi spune amarul. Nimeni nu îndrăzneşte să-i facă vreun rău. Să-i dăm pace, nenorocitului...

- Dar ce spune?

- A luptat în Vietnam pentru americani. A fost pilot de avion. Aveau ordin să tragă în oameni, în civili. Îşi aminteşte cum cobora la 20 de metri şi mitralia oamenii înşiruiţi în lungul drumului. Îi

90

secera pe toți. Cu cât raporta mai mulți morți, cu atât primea mai multe medalii.

Individul s-a oprit în dreptul nostru. Își dădea cu pumnii în frunte și în coapse, hohotind. Moșul de lângă mine îmi traducea:

„Americanii m-au umplut de bani, pentru că am ucis din porunca lor. De atunci eu n-am mai fost în stare de nimic. Mi-am năruit viața, sunt înecat în remușcări. Degeaba am bani, că nu-mi folosesc la nimic!"...

Bătrânelul, care se dovedi a nu fi fost chiar rupt de lume, cum m-aș fi așteptat, îmi spune, de la el:

- Americanii!... L-au răsturnat pe Saddam Hussein ca să pună mâna pe sondele irakiene. Saddam îi proteja pe creștini, iar Tarek Aziz, ministrul, era creștin nestorian. Dincolo, în Siria, creștinii și evreii țin la Bashar al Assad. Americanii îi vor moartea, pentru că nu le dă lor petrolul[17].

---

[17] Bashar al Assad este alauit – o ramură a șiiților.

Bătrânul acesta îmi era extrem de cunoscut.

Semăna leit cu cineva pe care îl ştiam de-acasă.

Am impresia că poţi să găseşti o sosie în Istanbul pentru fiecare român, dacă te uiţi cu suficientă răbdare...

Când am terminat facultatea şi am fost repartizat ca veterinar stagiar, în Deltă, eram în floarea vârstei. Pe bună dreptate ai mei se făleau cu mine, că eram înalt, frumos şi deştept... Fetele erau de aceeaşi părere, mă sorbeau din ochi, le sorbeam şi eu guriţa, când se nimerea să mai strâmtoresc câte una, deşi, în ansamblu, eram din fire timid şi destul de neajutorat...

- „Iţi dau fata şi cinci bărci cu câte cinci *crivăţi* fiecare", îmi propuse primul om al locului pe care l-am întâlnit, care m-a trecut Dunărea spre satul unde îmi era circa, şi care a devenit apoi mâna mea dreaptă.

- „Lasă, deocamdată fă-mi o ciorbă de peşte!"

Am asistat apoi ca la un spectacol...

Lipoveanul a scos din grădină un braţ de cepe şi de morcovi. Le-a scuturat de pământ izbindu-le unele de altele şi, fără alte menajamente, le-a zvârlit în ceaunul cu apă. A aruncat apoi

93

înăuntru fel de fel de peşti mici şi vietăţi de apă, aşa, întregi.

Priveam uimit. După ce au dat în clocot, le-a filtrat cu o sită mare şi a păstrat zeama.

- „Toţi ăştia, din sită, la porci!”

Abia apoi au venit la rând peştii cei mari - crap, somn, ştiucă, biban, caras, cu capul cât capul unui om -, morcovii tăiaţi ca lumea, ardei, cartofi, roşii.

În fine, omul scoate peştii pe un platou. Oasele le erau cât degetul. Carnea, albă ca zăpada. Mujdei de usturoi, frecat cu roşii coapte şi cojite. Mămăligă.

La urmă, am băut zeama, cu mujdei şi ardei iute (*ciuşcă*), miraculos de bună.

Părinţii au intervenit cu pile şi mi-au aranjat să revin cu postul „acasă”.

La ce să vin?!

N-am revenit.

Am ajuns acolo la vremea merilor înfloriţi. Grădinile îmi zâmbeau cu ciorchini de petale albe-roz. Dealurile din spate, verde crud, etalau şi ele, printre fagi, sfeşnice majestuoase cu mii de lumânări delicat parfumate. Ici-colo apărea bradul.

Nu m-am aşteptat să fie o localitate atât de heteroclită: case româneşti, ungureşti, săseşti, siciliene,... de ev mediu baroc sau epocă modernă industrială... Aproape toate casele din Centrul Vechi (acolo unde oamenii petreceau la chermeze şi cazinouri, sau preschimbau aurul la bănci) sunt declarate monumente. Porticuri, balcoane şi ferestre cu muluri şi fier forjat, târnaţul cu coloane, acoperişul cu ruptură de ape... Şi totul plasat într-un peisaj încântător, ce te înfioară!

Nunta de piatră... În spate, în Dealul Voievodului („*Voedoaia*"), guri de mină romane, medievale... Puneai scara şi tăiai din filonul de aur cu toporul... Cândva!...

Galerii de mină ce începeau în propria curte...

Din drum intrai în beciul casei unde-ţi depozitai minereul, adus cu coşul, în spate, sau cu măgarul... Urma să-l sfarmi la şteampuri. Pe cât de bogat erai, atâtea „săgeţi" avea şteampul... Tăuri, răspândite pe înălţimi, le alimentau cu apă. Altitudinea locului e pe la 1000 de metri.

Cei de la „*Gold Corporation*" au dus lămurire cu oamenii, ca să-şi cedeze casele: „Pământul vostru nu valorează nimic (ce minciună!!!), îţi plătim casa, şi să vezi ce bani buni mai iei şi pentru ,*maurul*' (zidul) de piatră!"

Baciul Ferkó a fost bogat. I-au luat totul la naţionalizare, dar a rămas în casa familială. Trimişii canadienilor i-au identificat neamurile sărace şi le-au instruit să facă presiuni asupra bătrânului, să le dea de pe acum cota-parte din moştenire. De îndată ce au luat casa, oamenii dracului au scos cheia de boltă a beciului şi au stricat acoperişul, anume ca edificiul să cadă. O splendoare arhitecturală! O priveşte şubrezită dintr-o colibă alăturată, căci baciul Ferkó nu s-a dat dus.

Doar 150 de familii au rezistat tentaţiei de a se strămuta. Casele făloase ale celor plecaţi au fost demolate a doua zi, cele şubrede au fost şubrezite şi mai mult şi lăsate să se dărâme, ca să vadă toţi că în Roşia nu ar mai fi de stat... Pastorul protestant şi-a sabotat el însuşi casa parohială...

Capitaliştii le-au plătit dezertorilor chiar şi deplasarea mormintelor.

Unii oameni s-ar întoarce, dar nu mai au unde. Există un blestem al aurului: cei care au trădat locul şi au plecat, n-au avut noroc, li s-au întâmplat nenorociri, s-au îmbolnăvit, au pierit... E „Vâlva", arătarea ce bântuie galeriile aurifere! Tot Vâlva îi ajuta pe sărmani, cum a făcut-o cu Gritta, cel care s-a revanşat, construind şapte biserici şi şapte şcoli.

Sub două coline se desfăşurau galeriile romane. Una dintre ele, masivul Cârnic, a fost sacrificat de Ceauşescu, care, prin anii 1970, i-a decis decopertarea. Roca a fost sfărâmată şi dusă cu camioanele tocmai la Baia Mare... Masivul a pierdut jumătate din înălţime şi o bună parte din galeriile romane: sub Cârnic n-au mai rămas decât 7 km de tunel. Sub celălalt deal mai sunt 150 km ...

Prin anul 2004, drept condiţie a aderării României la Uniunea Europeană, ni s-a interzis să exploatăm aurul nostru, nu din considerente ecologice, ci ca să fim împiedicaţi să ne plătim datoriile la timp, anume ca să ajungem vânduţi la bănci – iar exploatarea de suprafaţă s-a oprit. Acum, „*Roşia Montană Gold Corporation*" (numele ce maschează pe „*Gabriel Resources*") vrea să reia „măcinarea" nu doar a uneia, ci a tuturor colinelor, să aplatizeze muntele, iar extragerea aurului, prin cianurare, să se facă la faţa locului. Lacul de steril ar fi îndărătul unui baraj de 180 de metri, care ar înghiţi inclusiv biserica greco-catolică, lăsându-i doar turnul... Iată câteva cifre: 1346 hectare destinate exploatării, 2388 hectare perimetrul pentru care au licenţa, 300 hectare acoperite de lacul de decantare cu metale grele şi cianură, care va reprezenta un risc permanent pentru viaţa a peste 6000 de persoane din zonele învecinate, 4 munţi detonaţi, 2064 de proprietăţi strămutate, 975 case distruse, dintre care 41 de patrimoniu, 7 biserici demolate, dinamitate sau acoperite de lacul de cianură, 11 cimitire strămutate, 12 mii de tone de cianură anual (în total 204 mii de tone) şi doar 634 de locuri de muncă pe o durată de 17 ani (sursa: Ministerul Mediului şi Schimbărilor Climatice).

Privesc cu circumspecţie amestecul speculatorului George Soros în toată afacerea, ca pretins susţinător al „opoziţiei". A instruit cadre, apoi le-a lăsat să acţioneze pe cont propriu. Am impresia că au reuşit să inducă ideea că la Roşia n-ar fi decât foarte puţin aur (cât ar încăpea într-o... bucătărie – asta-i imaginea lor), făcând lumea să uite că marea avuţie o constituie metalele rare, atât de necesare electronicii şi zborurilor cosmice din ziua de azi şi cea de mâine...

Miza trebuie că este mult mai mare decât ar vrea unii să pară. Altfel de ce atâtea maşinaţii? De ce se implică acolo SUA, NATO, Uniunea

Europeană? Asistăm la Roşia Montană la un veritabil *cancan* de propagandă, presiuni, minciună şi corupţie. S-a dat certificat de descărcare arheologică, ca apoi să se descopere o necropolă romană... Oamenii spun că ar fi fost „cumpăraţi" toţi factorii decizionali, de la primar şi consilierii săi, la specialişti, la consilierii prezidenţiali, la miniştri şi şefi de stat. Dovada – zic ei – este că toate acţiunile în justiţie pe care le-au iniţiat au dat dreptate oamenilor locului. Asta-i, pentru moment, unica lor şansă, unica şansă de supravieţuire a acestei comunităţi.

Biserica unitariană abia mai are unu-doi enoriaşi, dar e plină, căci oamenii vin în semn de recunoştinţă pentru solidaritatea preotului. La slujba în limba română din biserica catolică, oficiată de un preot maghiar, când s-a ajuns la „Tatăl nostru", oamenii s-au rugat pe ungureşte, iar apoi tot ei l-au reluat şi pe româneşte! În cimitir, numele sunt ungureşti, dar textul e pe româneşte... N-am crezut că o să asist vreodată şi la un asemenea fenomen: maghiarii sunt românizaţi (dintre care unii nici nu mai ştiu ungureşte) şi trăiesc complet integraţi, în armonie deplină cu restul comunităţii.

Pe lângă muntele cu priveliştile lui minunate şi minele cu istoria lor tulburătoare, care mi-au lăsat o imagine pregnantă, duc în suflet emoţia ce mi-a provocat-o armonia interetnică şi religioasă, alături de solidaritatea, curajul şi determinarea oamenilor locului, decişi să înfrunte, la propriu, lumea întreagă.

… Am revenit acasă. La un moment dat, oamenii ţării se mobilizaseră în apărarea celor de la Roşia. Acum, par a-i fi uitat. Au „uitat" şi autorităţile să ia poziţie fermă. Dosarul de luare în Patrimoniul mondial al UNESCO e pe birou la Ministerul Culturii. Miniştri succesivi s-au perindat, însă nici unul n-a primit undă verde să semneze. Nu era vorba să aprobe, căci nu era de resortul lui să zică da, ori ba, ci doar să semneze de luare la cunoştinţă…

Între timp, tot aşa, prin identificarea şi instrumentalizarea „rudelor sărace", combinată cu oportune „amnezii" ale autorităţilor noastre, Statul a pierdut Casa memorială „Octavian Goga", de la Ciucea, se pierd moştenirile lui Brâncuşi, din Gorj, au fost reîmproprietăriţi grofii ce fuseseră deja despăgubiţi odată, după Primul Război Mondial, iar la Roşia Montană continuă, şi acolo, intrarea lentă şi insidioasă a pământului nostru strămoşesc în proprietatea unei Puteri Străine...

> Ţara Moţilor este unul dintre cele 18 ţinuturi din spaţiul circumtransilvan, cu specificitate şi elemente de unicitate[18] proprii...

Ţară, ce înseamnă

săracie; „Un om a

trecut muntele",

   vi-l amintiţi?

Ţară, ce înseamnă bravi viteji; de

Horea, voi mai ştiţi?

Istoria-i întipărită-n calcar şi în

gheaţă; urme,

---

[18] 1. Roşia Montană, cu aur, argint şi metale rare; 2. Situl minier unic în lume, ca extensie în spaţiu şi timp; 3. Tăbliţele cerate, temelie a dreptului roman; 4. Gheţarul subteran milenar de la Scărişoara; 5. Muntele Găina, mitul găinii cu ouă de aur; 6. Arta prelucrării lemnului; 7. Satele-crâng răsfirate pe culmi; 8. Peşteri de calcar, cu amprente ale omului preistoric; 9. Revoluţionarismul; 10. Sărăcia...

ce zeci de mii de

    ani aici au stat.

De secole se scoate aur; dar până şi

sterilul e bogat.

În sate-crâng s-au înmulţit familii; şi

meşteşuguri,

  ce s-au moştenit,

Şi legi, înscrise-n ceară, în adâncuri,

şi povestiri,

    la nesfârşit...

O ţară între ţări, în Ţară!

Cu prietenii români din Paris sau Toronto mă văd rar. Majoritatea se exprimă „deja" cu greu în limba română, iar copiii şi nepoţii lor vorbesc limbile ţărilor de adopţiune. Asta mă înnebuneşte de furie! Măcar de-ar vorbi corect.

***

Am asistat la decernarea titlului de Doctor Honoris Causa al Universităţii Babeş-Bolyai din Cluj profesorului nonagenar Kemal Karpat, istoric şi sociolog turco-tătar de origine română. Vorbind într-o limbă românească perfectă, pe care nu a uitat-o în ciuda anilor petrecuţi în America, domnia-sa a spus că întreaga sa reuşită profesională se datorează bunei educaţii primite la noi în ţară!...

E importantă viziunea ce-o are asupra lucrurilor:

Interogându-l după ceremonie, şi-a exprimat părerea că, dacă vrem ca Europa să fie o contra-pondere a Statelor Unite şi nu o condiţie prealabilă a mondializării, atunci Turcia nu are ce căuta în Uniunea Europeana - şi nici Ucraina!

Mi-a mai spus că argumentul conform căruia statul-naţiune ar fi format în jurul unei limbi comune datează doar de câteva secole şi că, în reprezentarea lui, o naţiune s-ar defini, mai degrabă, printr-o Tradiţie comună de convieţuire pe un anumit teritoriu, chiar dacă locuitorii ar fi grăitori de limbi diferite.

... După 70 de ani vorbea încă limba copilăriei sale petrecută între romani, în timp ce românii noştri (se fac că) o uită după numai un an-doi petrecuţi „pe-afară"!...

In atmosfera intens teutonică a Centrului german din cadrul Universităţii clujene, pe marginea simpozionului intitulat *„Minderheitenpolitik und Wertewandel"* (Politica minorităţilor şi schimbarea valorilor), s-a inserat la ceas de seară scriitorul V*** (om politic, dar scriitor înainte de toate), ca să vorbească despre genocidurile secolului trecut şi să citească din opusul domniei sale „Cartea ...", legat de aniversarea genocidului armean.

Ce am reţinut?

Lucrarea domniei sale se vrea a fi o veritabilă „carte identitară", ce sintetizează tradiţia unui întreg popor!...

Cultura poate cuceri fără să umilească, fără să tragă concluzii.

Creatorul de artă e doar martor, nu judecător, el nu alege: Să uiţi? Să te răzbuni? Să nu uiţi, dar să ierţi?...

Când Dumnezeu e la îndemână, ai posibilitatea, măcar, să plângi...

Nu există doi armeni care să aibă opinii diferite despre genocid. Dar există sigur doi români care să aibă opinii divergente despre comunism! Românii au avut călăi şi victime, beneficiari şi perdanţi – armenii, nu. În schimb, la fel ca noi, au avut călăi şi victime, germanii! – şi cu toate acestea, ei îşi permit să vorbească cu dispreţ despre dificultatea românilor de a se rupe de „moştenirea" comunistă. Nemţii au avut tribunale de denazificare – noi, nu.

Din cele 21 de versiuni ale volumului lui V***, s-a citit, zilele acestea, în public, în 40 de oraşe diferite din lume! Tulburător.

Asta-i impresia de moment. Urmează a doua reflecţie.

… Carte identitară, zice el, doar el o zice, ghinionul lui este că între timp unii au citit-o. Deh, îi place să se umfle în pene - şi „Cărtărici" ne bagă în boală cu numărul de traduceri şi, totuşi, e un drum închis, ăsta, cu popularitatea indusă cu orice preț! Și pe banii cui?

... Ce să mai spun? Fie că V*** e un intelectual care n-a stat deoparte, ca mulți alții, și, intrând în politică, s-a mânjit în rând cu hoții; fie a fost un șmecher din născare și, intrând în politică, a găsit un mediu prielnic!

În timp ce-mi vorbea, mă privea drept în ochi. Nu m-a slăbit un singur moment:

Părinții au fost intelectuali de țară și m-au pregătit pentru o carieră artistică sau literară.

Visam să ajung scriitoare. Am luat lecții de vioară, de limbi străine, iar ai mei m-au îndemnat să citesc. Nici nu știu cum se face că am ajuns la liceul de... informatică. Așa era tendința în clipa aceea, și m-am lăsat dusă de val. Nu mi-ar fi plăcut să devin, însă, programatoare. Pentru mine, munca respectivă nu ar fi reprezentat un act de „creație". Dacă tot am intrat în branșă, doream să fac măcar de fiecare dată ceva inovator, de pildă să inventez sisteme de tratare a datelor din diverse ramuri ale economiei, din diverse branșe profesionale. În acest scop era necesar să stăpânesc mecanisme complexe, drept care am urmat facultatea de matematică. Am fost repartizată la Centrul de calcul al Combinatului de Utilaj Greu, un loc de muncă pe care l-am adorat.

Acolo m-a surprins „revoluţia", care era cât p-aci să treacă pe lângă mine fără să ştiu. Evenimentul m-a „prins", nu „surprins" - e mai bine spus aşa, căci, în ziua cu pricina, ne-au închis literalmente ca pe nişte prizonieri în Centrul de calcul al Combinatului. Pe motiv că lucram cu date secrete, eram întotdeauna ferecaţi, dar atunci ne-au zăvorât în mod făţiş. A venit unul să ne prelucreze şi ne-a pus să semnăm – parcă cineva ar fi îndrăznit să nu accepte? – cum că ne opunem actelor de huliganism de la Timişoara. După ce ne-au constrâns să stăm acolo o vreme, ne-a dat în cele din urmă drumul să plecăm. Uzina era goală, nu mai era niciun muncitor. Ne-au ţinut închişi ca să nu ieşim să manifestăm odată cu ei.

Dar oare chiar „manifestau"? M-am întors acasă pe jos, la căminul unde locuiam, în „groapa" de la Mărăşti, dar am decis să plec la mama chiar în acea zi. În drum către autogară, am întâlnit o coloană de tancuri ce venea dinspre Someşeni. Din turele scoteau capul soldaţi cu armele în poziţie de luptă. Am apucat-o şi eu spre centrul oraşului. M-am înghesuit împreună cu alţii în Piaţa Mihai Viteazu. Atâta se putea merge. Ca să pătrundem în perimetru, ne-am strecurat printre blindate şi tancuri. Cu nici un an înainte, acolo participasem la un miting: fusese ridicată o tribună, însă discursul „conducătorului iubit" nu se auzea până la noi, căci difuzoarele erau îndreptate către tribună, nu către public, doar ca să transmită aplauze preînregistrate. Îmi amintesc că eu îmi adusesem un scăunel şi că am stat la taclale cu colegele, în zumzetul general, indiferentă la eveniment...

La fel ca atunci, piaţa gemea de lume, dar de data asta eram împresuraţi de militari cu armele îndreptate spre noi. Domnea o linişte mormântală. Nu se auzea nicio şoaptă. Stăteam cu toţii încremeniţi. Asta a durat o eternitate şi nu-mi amintesc când şi cum am revenit acasă. Cel puţin pentru noi, cei adunaţi acolo, doar la atât s-a redus „manifestaţia"...

Marele combinat a fost fărâmiţat în vreo şapte unităţi, fiecare cu serviciul ei de calcul improvizat, iar pe mine m-a recuperat una dintre ele, la Serviciul de import-export, căci aveau nevoie de cineva care se descurca la limbi şi la calculator. N-am apucat să cunosc şomajul, m-am adaptat la noile sarcini, iar când unitatea a dat faliment, m-a preluat o alta, unde aveam un rol strict comercial. Apoi, ca dusă de val, m-au angajat alţii, unde trebuia să asigur contabilitatea, drept care am urmat în paralel ASE-ul.

Spectrul unei vieţi de literat se tot îndepărta de mine.

Am schimbat astfel şapte meserii...

La vremea când, pentru „învăţământul politic", citeam despre exploatarea omului în capitalism, luam cele scrise drept glumă şi nu zăboveam cu mintea asupra lor. După ce am avut parte de capitalism şi la noi acasă, am început să-i descopăr realităţile!

Prea multe amănunte legate de viaţa în timpul regimului comunist nu îmi mai amintesc.

Eram copilă atunci. Ştiu că fosta noastră secretară UTC de la Combinat, şi care, dat fiind ponderea unităţii noastre, funcţionase şi în cadrul Comitetului Judeţean de Partid, a ajuns, nu se ştie cum, pe lista „victimelor revoluţiei" şi, în anii aceia tulburi, i se livra acasă, cu o Dacie-papuc, „ajutorul alimentar" ce se cuvenea eroilor luptători. Apoi, am văzut-o cu un Mercedes alb, primit ca „ajutor" din Elveţia.

În cadrul obligaţiilor de serviciu, am ajuns în Statele Unite - doar atât cât, în calitate de vizitator, să mă minunez de „ţara tuturor posibilităţilor". Oamenii de acolo au doar două săptămâni de concediu pe an, iar ritmul de muncă e demenţial. Adevărata exploatare, în America o descoperi!

Dar, parcă nu toţi o descoperă la fel.

Fosta noastră secretară UTC emigrase în State. N-am crezut c-o să accepte s-o vizitez, dar m-a primit cu prietenie şi nonşalanţă. Probabil crezuse că-s una „de-a lor".

„Acasă aveam şapte perechi de cizme de piele, îmi zicea, dar ar fi fost imprudent să mă înfăţişez cu ele aici. N-avem încotro, trebuie să pozăm în oameni săraci!"

Participa în fiecare duminică la slujba de la biserică şi, la ieşire, enoriaşii făceau o colectă pentru a le veni în ajutor. Apoi, continuă să mi se destăinuiască:

„Bărbatul meu e informatician – ca mine, gândesc eu înciudată – şi a obţinut un post bun. Faptul că trebuie să trăim modest ne permite să punem bani deoparte. Investim toate economiile noastre în sonde, în Alaska..."

Aflu că, la serviciul soţului, angajaţii erau evaluaţi în fiecare lună, iar ultimilor doi-trei de pe listă li se face vânt, pentru a angaja pe alţii. Bărbatul ei îşi făcea valiza cu acte şi rechizite în fiecare seară, pentru cazul că a doua zi ar fi fost dat afară...

Şi încheie cu un adevăr:

„În ţara aceasta trebuie să ştii să profiţi de fiecare moment..."

Acesta a fost singurul meu contact cu lumea liberă. În alte părţi nu am ajuns. Visez să cunosc Franţa şi refuz să cred că au şi francezii parte, ca noi, de guvernanţi tembeli... Regret că, în anii când s-ar fi putut călători în „lagărul socialist", nu am profitat de excursiile ce se făceau în Germania Democrată, la Moscova, la Samarkand, sau chiar în China. Atunci ar fi trebuit să ştiu profita de moment!... Voi mai ajunge, oare, să cunosc măcar o parte din lucrurile pe care le-am visat?

Deocamdată, trebuie să-mi găsesc un soţ bun.

Cu şapte meserii şi şapte parteneri de ocazie, nu m-am simţit decât dusă de val... De voi fi, în fine, la casa mea, poate mă voi apuca şi de scris...

Am mers la mormântul sfântului nostru ardelean, Arsenie Boca. De acolo, o coborâre în Oltenia, pe valea Jiului, se invită de la sine. Mă întrebam adesea:

- Ce s-a ales de minerii din Valea Jiului, disponibilizaţi în masă?

Nimeni nu-mi dădea un răspuns. Iată că am străbătut Oltenia de la Jiu la Olt, şi am văzut cu ochii mei: „clasa muncitoare” s-a cam reîntors acasă, la ţară, de unde provenea. Acum aceşti bărbaţi trăiesc (aş zice bine şi liniştiţi) prin agricultura de supravieţuire pe care o practică în gospodăriile lor de odinioară. Oltenia nu părea prăpădită, aşa cum se spune mereu. Am văzut pretutindeni case frumoase şi făloase, de oameni gospodari.

În acest drum, am cunoscut-o şi pe Oana. Când a auzit că venim din Cluj, s-a emoţionat. Are ea ceva cu Clujul...

Oana e kinetoterapeut la Băile Govora. A studiat la Craiova, făcând hatârul părinţilor, „ca să fie aproape de casă". Nu i-au dat voie să meargă la Cluj, cum ar fi dorit ea, căci: „de acolo nimeni nu se mai întoarce". Or, pământul lor „de lângă casă" era în Oltenia, şi trebuia lucrat. Nu se plânge. Primeşte un salar de 1100 lei, în lunile de vară. Iarna, când staţiunea se închide, trece la şomaj şi primeşte 400 de lei. De acord, cu atâţia bani nu s-ar putea trăi, dar mai e soţul şi grădina. Soţul, cu calificarea de expert contabil, nu a găsit de lucru în preajma casei (el fiind principalul „condamnat" la cultivarea grădinii) şi s-a aciuat pe lângă primărie. Deşi se alege de acolo doar cu 1000 de lei pe lună, mai beneficiază de avantaje, de exemplu de bonuri de benzină, ceea ce reprezintă o economie de încă vreo 2-300 de lei pe lună, astfel că deplasările lor, la... Cluj, nu îi apasă la buget.

- Din banii aceştia trebuie să ne descurcăm, şi reuşim. Fetiţa noastră, ajunsă la vreo doi anişori, mănâncă tot anul crudităţi provenind din grădină - iar din ceea ce ne rămâne, încărcăm lada frigorifică... Mai punem şi borcane de zacuscă, şi vinete coapte.

Gospodăria Oanei se dezvoltă. Căpriţa au dat-o în grija ciobanului, la munte. Primesc brânză de capră, iar la primăvară vor mai avea, probabil, şi o căpriţă mică. De Paşte le-a adus cineva un miel. Fetiţa l-a îndrăgit. Au hotărât să nu-l taie, ci să-l dea şi pe el la cioban, ca să aibă la anul şi de la acesta un alt mieluţ.

Se consideră norocoşi, în ciuda unor scăderi...

Iată despre ce este vorba.

Soţul Oanei, Stelian, când n-a mai putut amâna operaţia, s-a dus la un medic în oraşul preferat, tocmai în vârf de deal. Era clinica unui mare „profesor", cu aparatură formidabilă, care să-i „ardă" prostata mărită. Numai acolo exista un

asemenea „robot" chirurgical. A dat 3500 de euro –
au trebuit să ceară bani de la cumnat, iar acesta să
se împrumute la bancă, pentru a-i ajuta.

Peste doi ani, bărbatul a aflat că operația nu
reușise și că trebuia acum să se supună iradierii. De
data asta, plata a fost în lei, dar banii tot bani erau.
A dat zece mii. Se declară totuși norocos, pentru c-
a fost tratat de aceeași mare somitate. Justificându-
și opțiunea, Stelian ți-o explică, insistând asupra
diferenței dintre simpatie și empatie:

- Simpatia înseamnă milă, empatia este
atunci când te pui în pielea celuilalt. Doctorul
acesta are empatie față de pacienți. Așa-s marii
medici din Cluj. Petrec timp cu tine, nu trebuie să
vii a doua oară să mai întrebi – poate că nici nu ai
mai veni, ci te-ai duce la altul. Eu sunt de părere că
e bine să fii devotat aceluiași doctor...

Nu rambursaseră încă toți banii, când pe
cumnat l-a lovit o nenorocire: a suferit un accident
de mașină. Camionul cu care a intrat în coliziune
frontală i-a sfărmat oasele în mai multe locuri. A

refuzat să facă drumuri la Cluj, cum l-a sfătuit Oana, ci a preferat Capitala. Ei bine, a tras consecinţele.

- De ce n-ai mers şi la Bucureşti, din capul locului, la „profesor"?!, i-a mai spus aceasta.

La spitalul „unde merge toată lumea" şi-au bătut joc de el: s-a ales cu un picior mai scurt decât celălalt. I-au pus o mulţime de şuruburi care străbăteau prin piele, ba, pe unul dintre ele nici nu l-au înşurubat ca lumea şi a căzut singur după câteva zile. Au dat şi acolo bani, dar până la urmă omul a priceput că trebuia să strângă şi mai mulţi, ca să poată merge la „Elias", să-l facă bine doctorii cei mari.

Medicii de la Elias nu l-au primit:

- Du-te să te repare cei care te-au stricat!

Între timp, au venit banii de la asigurare: şapte „sute de mii" de lei nesperaţi, exprimaţi în bani vechi, adică vreo 15 mii de euro. Asta le-a permis să se ducă la spital în Italia. Operaţia a costat trei sute de mii. Au mai cheltuit o parte acolo, dar s-au reîntors cu bănet. Se consideră şi ei norocoşi, în felul lor. Cu toate că, de mergeau la Cluj...

Mulţumită banilor primiţi de cumnat de la asigurări, Oana nu mai resimţea atât de tare presiunea faptului că mai avea către el o datorie de rambursat.

Liniştea ei n-a durat mult.

Se duceau iar spre... Cluj, când au fost tamponaţi pe autostrada cea nouă, nu departe de Sibiu. O motocicletă alunecase şi intrase până sub maşina lor, lovindu-i din spate. Au deschis portierele într-un nor de praf şi fum albăstrui, ce mirosea a pârjol. L-au scos pe motociclist de sub şasiu viu şi nevătămat. Doar motocicleta omului, şi portbagajul lor, erau făcute zob. Benzina se scurgea din rezervorul spart şi lăsa o dâră care traversa şoseaua în diagonală. S-au tras repede la o parte.

Motociclistul care a produs accidentul era un poliţist tânăr. Nu era în misiune, deşi purta uniformă, căci mergea să susţină un examen de promovare în grad!

Este chemată Poliţia. Maşina de la Serviciul Circulaţie vine rapid, dar pleacă tot aşa, fără să întocmească vreun act, căci poliţistul accidentat nu dorea să se ştie că ar fi avut un necaz. Le promite că va duce el maşina la reparat, pe banii lui, la cel mai bun garaj.

- Am fi putut să luăm foc, să facă explozie rezervorul!, se minunează Oana.

- Am avut un noroc orb!, recunoaşte şi Stelian. În plus, ne-a promis că o repară el, fără factură, la cel mai bun atelier...

Oameni înţelepţi, văd partea bună a lucrurilor.

- Unde va fi examenul?, îl întreabă Oana pe poliţist.

- La Cluj.

- Dar atelierul?

- La Cluj, şi el.

S-au liniştit. Dacă e la Cluj, înseamnă că totul va fi bine.

Oameni pozitivi.

Govora, 12 septembrie 2016

De mic copil am avut necazuri de sănătate. Abia terminam şcoala - câţi ani să fi avut atunci? Nici 20 - că am fost dusă la prima mea intervenţie chirurgicală. Convalescenţa mergea greu. Preotul a venit la noi şi m-a sfătuit să mă rog la mănăstire.

- Mergi la Mănăstirea Bistriţa[19], să te închini la moaştele Sfântului Grigorie Decapolitul. Sunt făcătoare de minuni pentru bolile trupeşti, şi nu numai...

- Eu nu cred în lucrurile astea, i-am spus, dar mă duc.

Mănăstirea avea un aer auster. În anii aceia era neglijată, nu cum e acum, înconjurată de chilii

---

[19] La anul 1497, Banul Barbu Craoivescu, care a rezidit din temelie mănăstirea Bistriţa din judeţul Vâlcea, a adus cu multă cheltuială moaştele Sfântului Grigorie Decapolitul şi le-a aşezat la această mănăstire, unde se află şi astăzi, fiind făcătoare de minuni, atât pentru bolile trupeşti cât şi pentru cele sufleteşti ale celor ce vin la dânsele cu credinţă. Racla de argint în care se odihnesc ele astăzi este dăruită în 1656 de Constantin Voievod.

cu cerdacul încărcat de flori. În interior lumina era, parcă, albastră, de-atâta cer senin în zugrăvelile apostolilor. Moaştele erau rânduite la stânga altarului, pe o masă sculptată, prevăzută cu un acoperământ ca de amvon. Oamenii îngenuncheau şi treceau pe dedesubt, printre picioarele mesei, atingând cu spatele tăblia ce susţinea coşciugul.

Am trecut în genunchi de trei ori pe sub racla de argint a Sfântului!

De atunci s-a schimbat totul. Am suportat bolile cu mai multă uşurinţă. Acum ascult sfaturile părintelui şi nu m-am mirat când l-am auzit spunând:

- Cu cât e mai mare necazul ce te duce la un sfânt, cu atât vor fi mai multe obstacole ce-ţi vor apărea în cale, care să te împiedice să-i ceri miluirea.

Ei, da. Recunosc că aşa s-a întâmplat la o vreme după asta.

Ultima mea operaţie fusese un dezastru. Rana nu se mai cicatriza. Făceam puroi. Toată burta îmi era ruptă după infecţiile de la cusături.

Aşa, cu febră, am cerut ginerelui să mă urce în maşină, să mergem iarăşi la Sfântu. Eu stăteam în spate, alături de fie-mea.

- Te ducem, dar noi nu credem în lucrurile astea, mi-au spus ei, la fel cum am zis şi eu cândva.

S-a împlinit cum prorocise popa. De piedici am avut parte în drum, nu glumă, de parcă cineva ţinea cu tot preţul să nu ajungem la destinaţie. Am prins nu mai puţin de trei pene de cauciuc; noroc că ginerele-i priceput şi ştie să le repare cu un fitil înmuiat în sulf, iar apoi îi dă din pompă!

Era iarnă şi întunericul căzuse devreme. Mai aveam mult de mers. Avansam fără căldură în maşină – căci nici încălzire nu aveam –, pe bâjbâite, căci nu pridideam a îndepărta gheaţa ce se forma pe parbriz.

Fie-mea era nemulţumită:

- Dacă tot nu ţi-au ajutat, de ce ai mai plătit cele 40 de liturghii?, mă muştruluieşte ea. Banii au ajuns în buzunarul popii.

- De nu, din ce ar trăi?! Apoi, după o clipă, am adăugat: Din păcate, dacă nu dai la preot pentru pomelnic... nu te citeşte.

- Cum ar fi, dacă aş fi profesoară şi aş cere bani?

- Este ca o taxă. După altă clipă de gândire, am zis: Preoţii adevăraţi nici nu cer. Apoi mi-a venit alt argument: Şi ştii tu că maicile n-au salar şi nu au bani să-şi ia chiloţi şi şosete?

- Noi îi corupem pe preoţi şi tot noi îi corupem şi pe medici - sunt între ei, destui, care nu te-ar trata dacă nu le-ai da! Nici nu se concepe să dai bani la medic în alte ţări. La noi, cere bani însuşi patriarhul!, se oţărâse fata.

- Patriarhul e sfânt, cât e în funcţie. În rest e om, zic eu.

- Măcar de ar fi om, nu hoţ.

- Îi săruţi mana lui, dar îl vezi pe dumnezeu, chiar dacă-i hoţ.

- Să nu minţi, să nu furi, să nu înşeli. Măcar atâta de-ar şti transmite Biserica! Pe vremuri, medicul, preotul şi învăţătorul alcătuiau fruntea satului. Dacă ei nu erau păcătoşi, îi struneau pe săteni după chipul şi asemănarea lor, îi făceau „oameni”...

Nu ne-a fost dat să ajungem la mănăstire. Prea multe piedici.

- „Ni s-a rupt oiştea-n drum!”, anunţă cu prefăcută voioşie ginerele, de la volan.

În realitate, se gripase „rulmentul”. Nu mai puteam continua aşa. Coborâm din maşină. Ridicăm ochii. Eram în plin oraş, iar pe firma clădirii cu trepte scria: Spitalul Municipal.

Sfinţii, după ce i-ai cunoscut o dată, te ajută şi de la distanţă. Asta o fi fost vrerea divină. Intrăm la Urgenţe. Infirmierele, îmbrăcate în alb, mă iau imediat în seamă.

De data aceasta nu am avut de plătit niciun ban.

... M-am făcut bine. Cu adevărat. Şi, pe termen lung!

Ce-o să-i mai spun popii? Ce-o să-mi spună el?...

Govora, 13 septembrie 2016

Gheorghe şi-a interpelat prietenul, zilele trecute, cu reproşul:

– „ Măi, Feri, tu tot n-ai murit încă?”

Gheorghe era nonagenar! Feri, la fel. S-a născut în anul 1927. Cu faţa suptă, negricioasă, cu o urmă de mustaţă, cu părul abundent şi abia argintat, cu ochii vii şi expresivi în ciuda anilor, era un bărbat pirpiriu şi îndoit din spate. Avea un singur rând de straie - nădragi negri şi o căpută tocită. Îşi ţinea mereu mâna în dreptul pântecului, pe sub pulpana vestonului, apăsând locul dureros, aducând a Napoleon.

I-a fost scris să trăiască.

... La 2 iunie 1944, când au bombardat[20] gara Clujului, Feri avea 17 ani. Era ucenic la Uzina

---

[20] Primele bombe cădeau în partea de nord a oraşului, în zona gării, la ora 9 şi 14 minute. Populaţia a avut doar un sfert de oră la dispoziţie ca să fugă din calea

de pielărie şi încălţăminte „Dermata”. Uzina era vecină cu gara. Dincolo de ateliere se afla un teren viran, pe care se construiau nişte clădiri anexe. Partea de zidărie era terminată. Acum urma învelişul. Erau la lucru dulgherii, o echipă de patru tineri cam de-aceeaşi vârstă cu el. Doar unul era român, Gheorghe, doi erau unguri, iar celălalt era polonez. Acesta din urmă avea un păr negru vâlvoi şi ochii strălucitori. Feri îi cunoştea bine, căci, de când lucrau la acoperiş, era trimis în fiecare zi să le ducă „vorbă” de la şeful de secţie. Era nouă fără zece, dimineaţa, era răcoare, în aer pluteau miresme de flori, iar el a pornit-o într-acolo, dar nu tăind prin curtea uzinei, ci ieşind pe poartă şi ocolind-o prin dreapta, pe lângă gard, pe la grădinile de zarzavat ale bulgarilor. Se agitau albine, iar păsările îşi dregeau glasurile. Pe o roată mare, ca de scrânciob, erau prinse nişte găleţi, iar

---

bombardamentului – sirenele au început să sune la ora 9 dimineaţa. După 50 de minute bombardamentul era încheiat. Rezultatul, conform rapoartelor oficiale: 327 locuinţe distruse complet, 792 locuinţe avariate, 362 civili morţi, 32 soldaţi maghiari ucişi, 65 soldaţi germani morţi, 2434 familii fără locuinţă.

aceasta se învârtea scârţâind, zi şi noapte, şi ridica apă din Someş, ce era dirijată apoi prin şanţuri, pentru udatul straturilor de legume. La nouă fix, când tocmai dăduse de dulgheri, a pornit să sune sirena. Alarmă aeriană. Le-a spus oamenilor să lase lucrul. Poruncile erau limpezi: în caz de alarmă, erau obligaţi să părăsească locul de muncă şi să se adăpostească. Dacă nu făceau aşa, era pedepsită întreprinderea.

Pe vremea aceea, lemnul de grinzi nu venea gata fasonat. Dulgherii primeau buşteni, pe care îi ajustau chiar ei cu barda. Meşterii s-au supus ordinului, au înfipt securile în lemn şi s-au ridicat să-l urmeze pe băiat. S-au dus către o colibă de la marginea grădinilor, hâită-ntr-o parte, unde se topea varul, chipurile să se ascundă acolo. Peste nici un sfert de oră au apărut avioanele. Le-au numărat. Erau 78. Veneau la câteva zile după ce tunurile de apărare anti-aeriană, ce băteau la unsprezece mii de metri, fuseseră deplasate pe linia frontului, care se apropia de oraş[21].

Feri povesteşte cu pasiune:

- „Ce s-o fi consemnat în alte părţi nu mă interesează. Eu pun mâna-n foc că erau 78. Unele erau bombardiere, altele erau avioane de vânătoare. Şi mai susţin faptul că, deşi cele mai multe erau americane, erau printre ele şi avioane britanice. De unde ştiam eu să le deosebesc la vârsta aceea, nu v-aş şti spune, dar sunt sigur de afirmaţiile mele.”

Un avion de vânătoare s-a desprins din escadrilă şi s-a apropiat mult de pământ, zburând jos de tot, iar în dreptul gării s-a înălţat brusc, marcând obiectivul cu o dâră de fum. Vizau gara.

- „Au început să cadă bombe foarte aproape de noi. Am luat-o la fugă peste grădini şi ne-am aruncat în primul şanţ cu apă. O bombă căzuse tocmai pe coliba cu var ce o părăsisem cu câteva clipe înainte. Am făcut încă un salt şi ne-am trântit în şanţul următor. Ne-am înfundat în noroi.

---

[21] Clujul a fost eliberat la la 11 Octombrie 1944.

Bombele ne urmăreau. În şanţul unde ne adăpostiserăm prima dată era acum un crater imens. Am luat-o la goană din nou şi ne-am culcat la pământ atunci când am văzut alte bombe, apropiindu-se ca nişte sticle de bere ce coborau din cer. Una căzuse tocmai în locul noroios de adineauri. Cum ziceam, aveam impresia că ne urmăreau. Ne-a fost dat să scăpăm şi de data aceasta. Am ridicat capul, să identificăm unde să fie saltul următor. Am convenit printr-un schimb de priviri să încercăm să ajungem la o groapă de gunoi, situată la vreo douăzeci de metri, când, sub ochii noştri, o bombă tocmai cădea în acel loc. Monstrul se desfăcea în drugi de oţel cât braţul, ce sfârtecau totul în cale. Fragmentele erau proiectate la mare depărtare, şi pentru că noi eram aproape de locul exploziei, ele zburau pe deasupra capetelor noastre fără să ne atingă. Asta însemna să avem noroc."

După 50 de minute, bombardamentul era încheiat. O porniră către Someş, să se spele. În drum, îşi ştergeau mâinile şi chipurile de noroi, se priveau unii pe alţii. Polonezul îşi tot netezea părul. Chica aceea neagră şi abundentă îi albise de spaimă.

- „Recunosc că ne-a fost frică tuturor, eu am trăit coşmaruri luni de zile, dar pe el frica l-a transformat chiar atunci, pe loc. Cum să-i spunem, ca să nu sufere un şoc? În cele din urmă, unul din tovarăşi, cu care era mai apropiat, îi zice:

- Să nu te sperii când o să descoperi că părul ţi s-a hodorogit, un pic..."

Trupuri rupte în bucăţi zăceau peste tot. În gară se aflau trei trenuri cu personal german. (Ulterior, fragmentele de corpuri ale nemţilor au fost adunate în coşuri şi expediate, tot cu trenul, în Germania!). Clădirea gării era la pământ. Antrepozitele alimentare erau şi ele distruse. La fel şi o aripă a spitalului din apropiere. Hotelul Gării era însă intact. Puterea exploziei a proiectat un cal până pe acoperişul acestuia. Au fost ucişi 362 de civili, 32 de militari hortişti şi 65 de germani. Au rămas fără locuinţă multe familii.

Feri îşi continuă relatarea, înfierbântat:

- „Normal era ca, la vederea avioanelor, trenurile să se pună în mişcare şi să se îndepărteze de gară cât de repede. Uite însă că nu s-a putut, căci bandiţii au început prin a slobozi bombe de o parte şi alta a triajului, anume ca să le împiedice „evadarea". Apropiindu-ne de gară aveam tot mai mult sentimentul că săvârşiseră o crimă. Eu şi noii mei prieteni, dulgherii, am scăpat teferi.

Se pare că aveam dreptul la viaţă."

... Pe strada Gheorgheni, în clădirea liceului, erau încartiruiţi ofiţeri şi soldaţi germani.

- „Noi jucam fotbal în curtea şcolii şi uneori nemţii luau parte la jocul nostru!"

În două duminici succesive ofiţerii au ieşit pe trepte cu radioul, pentru că urma să vorbească Führerul, dar de fiecare dată discursul a fost amânat. De la ofiţeri au aflat că von Stauffenberg, care făcea parte din statul major al Armatei de

Rezervă, atentase[22] la viaţa lui Hitler, aducând o bombă în sala de raport din „Adăpostul lupului".

- „Ne-am zis că şi printre nemţi erau oameni care voiau încetarea războiului."

Hitler a scăpat cu viaţă. Din păcate, în iulie 1944 măcelul încă nu se sfârşise.

- „Printre copiii cu care mă jucasem, mulţi erau evrei şi nu făceam nicio deosebire între noi şi ei. Toţi evreii pe care i-am cunoscut erau oameni de treabă. La colţul străzii Gheorgheni cu strada Vasile Lupu era o moară a unui evreu. Puţin mai sus, se afla un depozit de cherestea. Patronii, evrei şi ei, erau vecinii noştri. Unul dintre copiii lor avea vârsta mea. Ne jucam împreună. Doar sâmbăta era altminteri. M-au chemat odată şi mi-au spus:

- Ai vrea să vii la noi în fiecare sâmbătă dimineaţa să ne aprinzi focul?

Bineînţeles că am acceptat. Îmi dădeau apoi un ceaun, ca cel în care se fac sarmalele, cu fasole

---

[22] la 20 iulie 1944.

şi un picior mare de raţă, şi-mi cereau să-l duc peste drum, la brutărie, să-l pună în cuptor. Brutarul îmi spunea să revin pe la orele unsprezece şi duceam cu grijă înapoi minunăţia de fiertură, numită „ciolent".

- Vrei să guşti un pic?, mă întrebau de fiecare dată.

- Sigur că vreau..."

Feri primea la fiecare sfârşit de săptămână douăzeci de lei. Rutina aceasta a continuat chiar şi după ce „copilul" s-a făcut „mare".

Doamna îi spunea că religia lor prevestea că evreii vor fi curând „adunaţi" şi nimiciţi. Aşa s-a şi întâmplat. Tinerii au fost duşi de hortişti la muncă. Bătrânii au fost trimişi în ghetou şi apoi în lagăre de exterminare.

- „Când vecinii au ştiut că nu mai pot rămâne printre noi, ne-au cerut să intrăm în casa lor, s-o păstrăm, pentru cazul, improbabil, că ar reveni. Am refuzat speriaţi.

- Nu îndrăznim să facem asta. Ne-ar duce în lagăr şi pe noi.

Nu i-am mai revăzut niciodată, nici pe tineri, nici pe bătrâni."

N-au avut zile...

În schimb, Domnul Farkas, a fost unul dintre cei care au trăit.

Domnul Farkas era directorul Uzinei Dermata. Un evreu[23] minunat. Un bonom cinstit şi generos. Îl cunoştea toată lumea, căci era prietenos şi accesibil. De pildă, dacă vreun muncitor dorea să-şi construiască o casă, mergea la domnul Farkas să-i ceară un împrumut. Acesta se deplasa la locul unde era terenul achiziţionat în vederea construcţiei, apoi spunea:

---

[23] Concentrarea în ghetouri a evreilor din Transilvania de Nord a început la 3 mai 1944 şi a durat o săptămână. Au fost duşi în zona fabricii de cărămidă Iris din nordul oraşului. Fiind format în principal din barăci folosite pentru uscarea cărămizilor, ghetoul nu avea aproape nici o facilitate pentru cei aproximativ 18.000 de evrei adăpostiţi acolo şi originari din Cluj, Gherla, Borşa, Huedin, precum şi satele din jur. Acţiunea de concentrare a fost efectuată de autorităţile maghiare hortiste, supravegheate de consilierii SS. Ghetoul din Cluj a fost lichidat prin şase transporturi efectuate în trenuri ale morţii spre lagărul de exterminare de la Auschwitz, între 25 mai şi 5 iunie 1944.

- Îţi voi trimite chiar mâine toate materialele de care ai nevoie. Dar te apuci de lucru imediat, ca să sfârşeşti înaintea iernii.

Când termina casa, omul revenea la director şi întreba cât îi datora. Acesta îi făcea socoteala şi-i preciza:

- La fiecare salariu o să ţi se tragă, de acum înainte, câte o sută de lei.

Feri îşi aminteşte:

- „Se construiau nişte căsuţe mici, alcătuite dintr-o bucătărie şi-o cameră, în care se înghesuiau toţi. Familiile erau numeroase în vremea aceea. Oamenii aveau mulţi copii. Dacă nimereai la ora prânzului, găseai cu siguranţă vreo zece persoane în jurul mesei. Copil fiind, dacă mă prindea joaca pe la altă casă, eram pus şi eu la masă. Părinţii mei sc purtau la fel.”

În luna mai 1944, hortiştii au început deportarea evreilor concentraţi în prealabil în ghetoul din zona fabricii de cărămidă. Domnul Farkas a scăpat de „trenurile morţii”. L-au ascuns, cu siguranţă, nişte oameni buni, aşa cum fusese bun şi el.

Dacă are zile, cine se ascunde, scapă. Prieteni să aibă!

... A trecut frontul, iar în cele din urmă s-au instalat ruşii. Deşi amintirea ferocităţii bombardării gării l-a umplut de ură faţă de americani, Feri parcă uitase, şi acum îi dorea:

- „Să vină americanii!" – repeta, la rându-i, leit-motivul ce era pe buzele tuturor.

A ajuns la vârsta la care trebuia să fie dus la oaste. S-a nimerit la un loc cu prietenii săi, dulgherii.

Îşi aduce aminte:

- „De la regiment, ne-au selectat, pe mine şi încă trei, să ne trimită la şcoala de ofiţeri. Erau polonezul şi cei doi unguri. Gheorghe nu era printre ei. Am remarcat atunci că noua Putere conta mai mult pe d ăştia, neromâni, şi că însăşi fruntaşii noii stăpâniri erau rareori români, chiar dacă purtau nume româneşti de împrumut!"

Dacă ar fi acceptat să devină ofiţeri, se chema că se dădeau de partea ruşilor, iar ei sperau încă să vină americanii. Propaganda străină îi incita la rezistenţă.

Încercaseră tot felul de tertipuri ca să refuze şcoala de ofiţeri. Polonezul a recunoscut-o în cele din urmă pe şleau:

- Aştept să vină americanii!

A fost luat pe sus.

Feri a fugit din cazarmă şi a stat ascuns câteva luni de zile. Aşa se face că l-au „pierdut" din vedere.

Avea dreptul să trăiască. Cine se ascunde, scapă. Curaj, să ai!

... Imaginile cu militarii ce forfoteau în uniforme ruseşti s-au estompat. Amintirea patrioţilor sacrificaţi în munţi s-a şters şi ea cu anii. Alte făpturi, vii, uitate de lume, au început să revină din lagăre şi închisori şi s-au amestecat cu ceilalţi. S-a aflat despre atrocităţile comise la Ip şi Trăznea, dar ele se petrecuseră demult şi trebuiau tăinuite. O vreme, norodul a crezut că ne va fi bine, oamenii erau fericiţi că ţara creştea, deşi posturile de radio din Apus continuau să le insufle nemulţumire. Apoi, dintr-o dată, într-o iarnă, florile din ghivece au îngheţat în case. Au urmat o serie de privaţiuni greu de înţeles. După câţiva ani, au trăit o altă iarnă de pomină: în 1989 s-a schimbat „stăpânirea", dar stăpânii au rămas aceiaşi. Peste încă un număr de ani, au fost părtaşi cu americanii la o ticăloşie: bombardarea ţării vecine, Iugoslavia.

Feri se aprinde:

- „Mi-a revenit în minte bombardarea gării din Cluj atunci când am aflat că americanii bombardau pe sârbi. Care ţară, pe parcursul istoriei sale, a comis mai multe atrocităţi decât au săvârşit americanii?!"

… După terminarea războiului domnul Farkas s-a întors la fabrică, apoi, foarte devreme, a plecat în Statul Israel. Ceilalţi evrei din strada lui Feri fuseseră mai puţin norocoşi. Doar unora le era scris să trăiască.

Gheorghe, dulgherul român, a „supravieţuit" şi el prin ani. A avut trei nepoţi. Din păcate, toţi trei sunt în Canada şi-i spun că nu vor să mai revină. Feri încearcă să-l mângâie:

- „O să susţină ei asta aşa, o vreme, apoi o să se reîntoarcă. Oricum, până nu ating suta de ani, eu... o să-i aştept!"

Cluj-Napoca, 14 septembrie 2016

Bunicul meu era farmacist. Cred că a fost cel mai bogat om din Chişinău. Avea şapte farmacii şi era proprietarul mai multor imobile. Avusese şapte copii, băieţi şi fete, - tot atâţia, câte farmacii - pe care i-a văzut, fiecare, căpătuiţi şi cu familii proprii. Din motivele ce vor apărea mai jos, timp de o viaţă eu nu i-am putut întâlni, pentru că am fost separaţi de o frontieră.

Tatăl meu era mezinul între fraţi. Urmase seminarul ortodox, ca să devină popă. Fratele mai mare al tatălui meu a făcut şi el studii, dar a rămas un pierde-vară şi mai era şi cartofor. Aşa se întâmplă în familiile bogate, străbunicul a pus bazele averii, bunicul a amplificat-o, iar la a treia generaţie se iveşte un neisprăvit care o face praf. În cazul de faţă, fratele cel mare al tatii a cerut într-una bani de la bătrân, minţindu-l că ar achiziţiona terenuri în Bucureşti:

- „Mai am de cumpărat două case", îi spunea, „şi apoi toată calea Lipscani e a noastră."

Din cauza acelui frate, atunci când Basarabia a fost luată de ruşi în iunie 1940, bunicul era deja sărac lipit pământului. Măcar avea un motiv mai puţin să se teamă de sovietici. Evident, i-au fost naţionalizate toate imobilele din Chişinău. A rămas locului, împreună cu cea mai mare parte a familiei noastre, mai ales că multe dintre căsătorii erau mixte, cu rusofoni, în ciuda faptului că noi ne consideram toţi români.

Mama mea, în schimb, avea motive să se teamă de bolşevici. Era rusoaică, dar de viţă nobilă. Ştia ce au pătimit în Rusia celelalte neamuri ale sale. Erau tineri amândoi, tata şi mama, iar eu abia eram în scutece atunci când au decis să se refugieze în România.

În peregrinarea lor prin ţară, într-o căruţă cu coviltir, au fost ajutaţi de preoţi ortodocşi români. În cele din urmă s-au stabilit într-un sat la poale de munte, pe latura de vest a Carpaţilor, nu departe de Oradea. Acolo am crescut eu, cu pâine de casă, frământată, şi lapte de capră, muls de mâinile mamei. Tata a abandonat sutana. S-a reprofilat şi a devenit învăţător în sat, iar atunci când am ajuns la vârsta claselor primare, tata mi-a fost primul dascăl.

Îmi plăcea cartea. Odată cu clasa a cincea, am continuat studiile la şcoala din Aleşd. Locuiam la internat şi eram la 18 kilometri de casă. Trebuie să spun că viaţa la internat îşi are şi ea calităţi formatoare de netăgăduit. Duminicile mergeam la ai mei, făcând drumul dus-întors, când pe jos, când în vreo căruţă. Am fost premiant în fiecare an, pe bune. E adevărat că nu prea mă împăcam cu matematica, dar am izbutit mulţumitor la toate celelalte materii.

Nu am avut dificultăţi să fiu primit la faimosul Liceu „Emanuil Gojdu[24]", din Oradea.

---

[24] Emanuil Gojdu (în maghiară, Gozsdu Manó, n. 1802, Oradea; d. 1870, Budapesta) a fost un avocat de succes şi patriot ardelean de origine aromână, familia sa fiind din Moscopole. Gojdu a fost un luptător neobosit pentru drepturile românilor din Transilvania. Casa in care s-a născut mai poate fi văzută şi astăzi în Oradea, lângă Biserica cu Lună. Şi-a lăsat averea pentru acordarea de burse studenţilor

Gojdu, un avocat de origine aromână, îşi lăsase averea „acelei părţi a naţiunii romîne din Ungaria şi Transilvania care aparţine la confesiunea orientală ortodoxă". Într-adevăr, clădirea monumentală, pe malul Crişului Repede, era un liceu de elită, datând din anul 1919, şi purtând titulatura de „Liceu ortodox" până la reforma învăţământului din 1948. Aici, ca elev, nu era acceptat oricine.

La Gojdu am urmat clasele 8-11. Pe atunci se făceau doar unsprezece clase. Cine n-a trecut pe acolo nu-şi poate imagina atmosfera în care am crescut, disciplina, seriozitatea în muncă, respectul, colegialitatea şi întrajutorarea ce se manifestau între elevi, aspecte care constituiau, într-un cuvânt, spiritul gojdist. Uniforma, numărul matricol pe mânecă şi chipiul cu emblema şcolii, cusută cu fir aurit şi inscripţionată cu „LEG" făceau să ne simţim înfrăţiţi cu toţii: fiii de ţărani sau de

---

şi pentru ajutorarea preoţilor. Dintre cei care au obţinut burse se remarcă Traian Vuia, Octavian Goga, Constantin Daicoviciu, Petru Groza şi Victor Babeş.

intelectuali de la ţară, cum eram şi eu, care locuiam la internatul liceului, copiii de mici meseriaşi sau de funcţionari, ce locuiau departe, în cartierele modeste ale oraşului, dar şi cei din familiile mai avute, ce veneau din centru.

Am avut parte de profesori minunaţi. Manifestam un fel de repulsie pentru cifre, dar, în schimb, îmi plăcea fizica. Devenisem fermentul cercului de fizică al liceului, şi aceasta nici nu era singura mea pasiune. În timpul liber făceam sport şi fusesem ales portar al echipei de handbal.

Ani frumoşi. În afara zidurilor şcolii se dezlănţuia din plin „lupta de clasă", dar înăuntru doar se învăţa. A fost o perioadă a vieţii în care realmente nu am avut griji. Nu bănuiam că mi-ar urzi cineva vreun rău. Deşi nu-mi plăcea matematica, profesorii erau convinşi că voi urma Politehnica, ceea ce corespundea şi cu aspiraţiile tatălui meu. Cu atât mai mare ne fu uimirea când am fost întors din drum, de la Cluj. Nu pentru că tata ar fi fost cândva preot – acest amănunt se uitase deja –, nici pentru originea noastră de peste

Prut, ci, pur şi simplu, pentru că eram „fiu de intelectual". În vremea aceea devenea inginer doar unul cu dosar „sănătos".

Am „scăpat" aşadar de grija ingineriei. Am fost nevoit să-mi orientez viaţa altfel. Nu am ieşit rău nici aşa. Ba, dimpotrivă. Dar nu despre aceasta doresc să vă povestesc, ci despre familia mea din Chişinău.

După destrămarea Uniunii Sovietice s-a pus problema retrocedărilor. Cândva am fost bogaţi. Bunicul lăsase o servietă cu acte la unul din băieţi, pe care o recuperase un văr de-al meu. O recuperase vremelnic, pentru că, în drum spre Centrul unde trebuia să depună documentele în numele familiei, fusese abordat de câţiva prieteni de băutură, iar când s-a deşteptat din beţie, servieta a fost de negăsit.

Am „scăpat", astfel, şi de grija reintrării în posesiune.

Pe când s-a putut circula, în fine, între cele două ţări, printre cei de vârsta mea, din nucleul familial, rămăseseră în viaţă doar o verişoară cu soţul ei. Ea, profesoară, el cercetător ştiinţific emerit. Au venit la noi, să ne cunoaştem. Emoţionantă, întâlnirea. Interesant, obiceiul lor de a toasta înaintea fiecărui rând de băutură.

- Pe vremuri, trebuia să ne ridicăm şi să toastăm în cinstea lui Stalin. Obiceiul s-a păstrat, iar acum fiecare ţine să facă un mic discurs.

I-am întors vizita. Duceam cu noi în maşină câteva lăzi cu cărţi româneşti. La Iaşi, am încărcat portbagajul cu alimente, şi bine am făcut. Deşi nu căzuse încă zăpada, în casa lor era frig şi stăteau îmbrăcaţi cu paltoanele. Aşa, încotoşmăniţi, am dormit şi noi. Fiica cea mare tânjea să plece la Moscova:

- Acolo li se dă căldură şi se găseşte hrană în magazine…

Aflăm că o altă nepoată, cu doctorat in biologie, s-a căsătorit cu un simplu muncitor, ceea ce, în viziunea noastră semăna cu o mezalianţă.

- Important e să fie un om bun, ne spunea ea, şi doar atâta sper, să nu mă bată!

N-am crezut că de la familia bogată şi bunăstarea în care se născuseră părinţii noştri, să se fi ajuns la o asemenea sărăcie. Mizerie materială şi morală.

Atmosfera încordată / îngheţată / încorsetată şi tristă a dispărut în clipa în care cineva a făcut o propunere:

- Hai să trecem în garaj!

Am intrat pe uşa deschisă a garajului şi am dat ocol maşinii. Dincolo de ea, se afla o trapă. Au ridicat capacul şi am fost îndemnaţi să coborâm pe o scară aproape monumentală. Am pătruns într-o încăpere vastă, cu covor persan pe jos, cu masă şi fotolii, şi un bufet garnisit cu pahare şi sticle de băutură. Ni s-au oferit tot felul de bunătăţi „alcoolizate". Nici nu ştiu ce am apreciat mai mult, vinul – roşu sau alb, la fel de catifelat şi parfumat - sau coniacul acela formidabil, cu iz de tanin şi aromă de flori...

S-a încins o petrecere cu glume şi râsete, de te tăvăleai pe jos.

- Acum mergem în continuare la Ion!

Alt garaj, organizat pe acelaşi principiu.

- Nu am absolut niciun fel de mâncare să vă dau, ne-a avertizat cu jale gazda. Doar murături...

- O să mâncăm murături!

Şi am mâncat la murături cât nu mâncasem în viaţa mea. Şi am băut pe săturate. Şi-am şuguit, şi-am cântat, şi toasturile nu mai conteneau, şi, în ciuda beţiei, am discutat despre toate, despre lumea asta, despre „lumile" astea, complicate şi încorsetate prin frontiere, prin prostie umană şi prin voinţe malefice... Ba, şi despre lumea „cealaltă", căci moldovenii au o deosebită sensibilitate la tot ce e etichetat ca fiind paranormal...

Ne-am despărţit cu promisiunea că o să-i mai vizităm, dar bunele intenţii nu s-au mai realizat. Am pornit spre ei, odată, de Crăciun (cel de stil vechi), dar ne-a întors din drum viforniţa. Ne-au spus că de ajungeam până acolo vii, tot am fi îngheţat, căci nu aveau cum să se încălzească. Părerile erau împărţite: de la cine ar primi mai degrabă căldură: de la ruşi, sau de la români? Mai intra în ecuaţie şi Germania. Oricum, majoritatea familiilor sunt mixte... se pot adapta şi cu unii, şi cu alţii... Fiica cea mare, care visa să ajungă la Moscova, a ales în cele din urmă Bucureştiul: urma să scape de iarna basarabeană, fiind studentă în România. Am căutat-o şi am dus-o cu mine prin ţară, şi i-am arătat, între altele, Oradea şi Liceul Gojdu. Am pătruns ca într-un templu în care am regăsit (sau m-am amăgit că am regăsit) atmosfera de odinioară. Închideam un ciclu. Îi sunt recunoscătoare nepoatei că mi-a dat prilejul acestei revederi!

Cluj-Napoca, 18 septembrie 2016

Bunica Ruxandrei este o longevivă. Mai e şi nostimă pe deasupra. Povesteşte adesea o întâmplare cu haz, din tinereţe. România era încă „între" cele două Războaie. „Coresponda" cu un băiat, care-i făcuse curte. Acesta plecase la armată, la şcoala de subofiţeri cu termen redus. Ce-o fi suferit el acolo, nu se ştie, doar că, înainte de prima permisie, cătana îi scria:

- „Te aştept în parc. Cu discreţia cuvenită, te rog frumos să vii fără chiloţi"…

Oamenii erau „moderni" încă pe vremea aceea!

După ce se conformase „exigenţei" subofiţerului, s-a căsătorit cu el, şi au făcut-o pe mama Ruxandrei. „Bunicul" (subofiţerul) a murit în Cehia, pe front, după ce a „întors" armele şi a revenit din prizonierat cu Divizia „Tudor Vladimirescu". Părinţii Ruxandrei nu mai trăiesc, însă „Bunica" e în viață, prezentă, discretă, plină de voioșie.

- „Bunicul" a făcut o alegere greșită, *a bad choice,* îl judecase Ruxandra – care avea obiceiul să „melanjeze langajele". Trebuia să rămână fidel jurământului. Ar mai fi stat prizonier la ruși câțiva ani, dar ar fi supraviețuit și și-ar fi putut continua ulterior, discret, existența. N-a ales bine...

„Bunica" nu putea decât să fie de acord.

„Bunica" este străbunică, pentru că Ruxandra are la rândul ei o fiică, pe Sanda. Odată, copila s-a întors acasă de la grădiniță și le-a reproșat părinților că fusese umilită de un camarad:

- Tot cu aceleași haine ai venit îmbrăcată și azi?, îi spusese țâncul, abordând un rânjet batjocoritor, de o duritate cum numai copiii știu să arate.

Ruxandra își imagină scena și strânse din buze, mâhnită.

- Violenţa poate fi şi doar verbală, însă doare la fel – îi dădu dreptate şi Bunica.

OK, atâta doar că pruncii abia aveau câţiva anişori şi nu erau decât în grupa mijlocie. Vremurile deveniseră însă violente în asemenea măsură, încât copiii erau tentaţi să se supună *trendului* chiar şi la vârsta aceea fragedă...

Deci, trebuia s-o înveţe pe fată să lupte!

- Tu să loveşti prima. *Got it?* Ai înţeles? Să nu arăţi că îţi este frică, pentru că atunci dau toţi buzna să te bată. *Show no fear!*

Aşa îşi îndemnase Ruxandra copila, cu limbajul ei hibrid.

Soţul ei era un tip prea *cool,* un om gras, un leneş fără ambiţii, care nu se implica. Ea, dimpotrivă. Cum de acceptase să-l ia de bărbat? *Reckless.* Sunt momente când faci alegeri prosteşti, iar apoi te căieşti. La două luni de la căsătorie înţelesese că dăduse greş, dar era prea târziu. *Too late.* Începuse să aibă nişte migrene cumplite. Au convenit să evite orice dispută între ei, părinţii, până mai creşte copila. A închis temporar

„dosarul" mariajului şi s-a dedicat fetiţei. Migrenele s-au atenuat.

- Atât de tare o iubesc pe Sanda!, i se confesase, ipocrit, educatoarea de la grădiniţă…

Tânără, profesoriţa, putea să-i fie Ruxandrei fiică.

- *Forget it!* Destul „ai iubit-o" ! Pentru câte puncte negre i-ai dat, de-ai înnegrit dulapul cu ele… Azi, de ce a primit punct negru? A fost rea?

- Nu, dar i l-am promis de ieri…

- Şi ieri, în contul zilei dinainte, *right?*… În locul tău, aş fi iertat-o…

Educatoarea, avea *piercing* în nas şi diamant montat în dinte… Să permiţi unor asemenea specimene să-ţi înveţe copilul!…

Din păcate, nu prea ai cum să-i alegi... Copiii îi imită, însă, pe cei mari. Unde a învăţat Sanda să ducă mâna la ureche, lipind de ea telefonul imaginar, şi să întindă celălalt braţ, cel cu ţigara, (educatoarea fumează, deci, în clasă?!) făcând semn să nu fie deranjată?…

Un coleg de la grădiniță, cu „chip de oligofren" (erau vorbele fetiței), o teroriza pe Sanda de câtăva vreme. Violența lui nu avea măsură: într-una din zile, a venit cu o rană la gât, cu urme de unghii.

- Ai spus învățătoarei ce ți-a făcut?

- Nu, pentru că era ocupată…

- *Misguided!* Nu ai ales bine. Trebuia s-o întrerupi. Și să nu te mai lași. Dacă lovește el, lovești și tu. Data viitoare să-i dai un pumn în nas.

„Data viitoare", pumnul și-a greșit ținta. Tatăl a fost chemat la direcțiune, să i se spună că Sanda pocnise în nas pe un alt coleg, un copil cuminte, pentru o neînțelegere minoră. Fusese pârâtă chiar de către „oligofren". Tatăl și-a cerut scuze, Sanda la fel, și s-au dus apoi tustrei, adică și cu Ruxandra, la părinții „victimei", cu cadouri.

Nu mai știau cum să-și cârmuiască fata, să nu dea greș. Cu mintea cea de pe urmă, Ruxandra își zise că, de-ar fi fost ea de față, atunci, la

direcţiune, i-ar fi şoptit „oligofrenului", cu…
„discreţia cuvenită", pentru ca numai el să audă:

- Data viitoare e rândul tău!

Apoi şi-ar fi reluat zâmbetul de circumstanţă…

Mult mai târziu, după ce Sanda a terminat liceul şi a plecat la studii cu programul „Erasmus", părinţii „au ales" să divorţeze. *Done.*

Sanda, profesoară şi ea. Ruxandra nu mai era tânără. La „alegerea" soţului Sandei, Ruxandra şi-a adus şi ea contribuţia. Hari este indian. Ei şi? Fata l-a cunoscut cu prilejul unui stagiu în Germania. Frumos, deştept, vorbeşte englezeşte,… bogat, şi totuşi băiatul nu-i ieşea fetei din vorbă. Probabil era şi asta o dovadă de inteligenţă. Tinerii s-au instalat la Heidelberg.

Păcat că Ruxandra era „traumatizată" de avion. Din acest motiv, în calitate de mamă (soacră), a refuzat mereu să meargă în India, să cunoască familia lui Hari. Părinţii băiatului, indieni tuciurii „din sud", erau intelectuali. Tatăl era profesor universitar şi, în acelaşi timp, proprietar de afaceri. Mama era educatoare, acolo, la ei, la Delhi. Vine muntele la Mahomed! Ca s-o cunoască pe noră, socrii mari au invocat nevoia unei deplasări în Germania. S-a nimerit să fie acolo şi Ruxandra. S-au purtat, şi unii, şi alţii, „cu discreţia cuvenită". Ruxandra, care a conversat cu ei în engleză, le-a făcut o bună impresie, cel puţin aşa a crezut că le citeşte pe chipuri, căci părinţii băiatului nu s-au exprimat în niciun fel.

Cu un alt prilej, a mers la Heidelberg însăşi „Bunica". Cu hazul care o caracterizează, a confirmat, la rândul ei, „trăinicia" căsniciei strănepoatei – cu toate că mariajul nu fusese, de fapt, oficializat. Până atunci nu băgaseră de seamă că tinerii trăiau, de fapt, în „uniune liberă".

- Urechile mi-erau deschise ca trompetele, recunoaşte ea. Dar mă comportam „cu discreţia cuvenită". Auzeam doar giugiuleli şi bună înţelegere.

... Ruxandra şi Hari convieţuiau împreuna deja de şapte ani. Adulţi moderni. Necăsătoriţi. Fără copii.

Să fi fost ei chiar atât de „moderni", oare?

Hari apare într-o zi cu ochii roşii de plâns.

Ruxandra află de la el (abia acum) că, în plus de celelalte calităţi, tatăl lui aparţinuse unei caste onorabile – cine ar fi crezut?! păstrase „discreţia cuvenită" asupra acestui fapt -, şi că tocmai a decedat.

Hari afla şi el (oare, abia acum?) că are dintr-o dată noi îndatoriri. Trebuie să revină în India, să contracteze căsătoria dictată de familie, în cadrul castei sale.

Nu i se poate opune.

În India, căsătoriile sunt aranjate de părinţi.

- Măcar de i-ar face un copil, înainte să plece, se căină Bunica.

- Vai, mamă, ce vorbeşti?!

- De ce? O femeie să-şi crească singură copilul nu e ceva neobişnuit în ziua de astăzi!

Bunica nu se dezminţea. A rămas la fel de „modernă" ca în anii când coresponda cu militarul care îi ceruse să vină la întâlnire fără chiloţi!

Bucureşti, 21 aprilie 2016

„Abia aşteptam să plec din ţara asta nesuferită", şi-a permis să spună despre patrie un tânăr olimpic român, ajuns să studieze la Universitatea din Cambridge. Asta m-a înfuriat şi m-a determinat să divulg totul.

Sunt clujean-bucureştean şi profesor universitar. Mai sunt şi un „naş republican", pentru că am fini răspândiţi în toată ţara, toţi unul şi unul. Vreau să vă relatez o poveste.

Mă întorc în timp. Olimpiadele naţionale din acel an, desfăşurate în mai multe oraşe din ţară în luna aprilie, au adus concurenţilor năsăudeni rezultate notabile, peste 100 de elevi din judeţ obţinând premii şi menţiuni. Dintre ei, 13 au fost cei mai buni în domeniul lor, fiind recompensaţi cu premiul I, la religie, muzică, germană, arte plastice, istorie şi informatică. Cel de la informatică era tânărul pe care l-am citat mai sus.

Eram naşul lui – el e finul care mi-a pricinuit revolta.

Cât timp a locuit cu părinţii în provincie, a luat numeroase gratificaţii, fusese chiar şi „olimpic" de trei ori, la diverse concursuri judeţene sau naţionale.

Apoi, când a venit vremea să treacă la liceu - la Bucureşti, evident - părinţii au cerut ajutorul… naşului. Mi l-au adus plocon.

Descopeream că era nul la limbi şi la matematică, şi nu numai. Habar n-avea de geografie, istorie… Am făcut un efort de-o vară întreagă să-i bag în cap un minimum de materie, începând cu regula de trei simplă. A fost acceptat în Capitală.

La Liceul „Mihai Viteazu" nu i-a plăcut, abia mai târziu mi-am dat seama de ce: nu lua note destul de bune şi nu avea nici „perspective".

Cu mari pile am reuşit să obţin să fie mutat apoi la „Vianu". Acolo era „pepiniera" olimpicilor români. Printre ei dorea el să ajungă.

Venea, însă, şi de acolo, cu note rele: patru la română, trei la matematică... Am încercat să-l meditez, căci se apropia bacalaureatul: îi lipseau, din păcate, noţiunile cele mai elementare, nu-l vedeam nicicum reuşind. Singura lui pasiune erau computerele.

Între timp participă, iar, la o olimpiadă – de data asta, internaţională – şi... revine cu o medalie!

De atunci, ca prin miracol, a devenit „elev de zece" la toate materiile... În ciuda neliniştii mele, a luat cu bine şi bacalaureatul.

În urma rezultatului de la Olimpiadă, băiatul a primit un premiu în bani, cărţi, dar şi o diplomă de excelenţă, plus invitaţii ca, după terminarea liceului, să se înscrie fără examen la cursurile mai multor universităţi – din ţară sau din străinătate.

Toţi olimpicii ne pleacă. În general, sunt storşi în primii ani de ceea ce sunt capabili să dea, rapid, iar ei, bieţii de ei, sunt inconştienţi şi orbiţi de întâii lor bani, bani mulţi, bani care doar par să fie mulţi…

Finul meu a ales să se înscrie tocmai la… matematică, în Anglia. De fapt, nu a ales el, ci a fost solicitat. Cum spuneam, primise mai multe invitaţii, şi, dintre toate, aceasta i-a surâs. L-au recrutat, aşadar, cei de la Universitatea din Cambridge. Nici mai mult, nici mai puţin.

Ajuns în Marea Britanie ca student, a reieşit că nu cunoştea bine engleza. Era IT-ist - se descurca perfect cu termenii meseriei, „File, Save as, Edit, Go to”… – dar, de vorbit, nu prea învăţase să vorbească…

A petrecut primul semestru mai mult călătorind prin ţară, tândălind prin oraş, făcând sport. La Cambridge sunt *pub*-uri pitoreşti, iar la canotaj, dacă ai forţă în braţe, eşti întotdeauna bine-venit. Doar că ceilalţi studenţi fac asta în timpul liber. El, la cursuri n-a prea asistat. Nu se ştie ce-ar fi făcut la examene. Tutorele – căci, la Cambridge, fiecare student are un substitut de părinte, care-i urmăreşte evoluţia – îl lăsase în plata Domnului.

Această situaţie bizară a durat aşa până într-o zi binecuvântată, când a fost cooptat într-un proiect IT-ist al facultăţii. L-au mirosit bine, era priceput. S-a integrat imediat. A devenit sufletul echipei.

„Nici o zi nu-mi semăna cu alta, altfel nu aş fi rezistat să lucrez în acel ‚context' – îmi explica el, sfătos. Nu sunt genul de persoană care să rămână aplecat asupra unei cărţi, la birou. Încerc să-mi fac zilele cât mai diverse, în fiecare zi am alt scop. Pentru mine, IT-ul e o joacă", îmi mărturisea entuziasmat.

Culmea este că, din clipa aceea, a avut şi acolo note… maxime. Chiar şi la matematică. Probabil că în ziua de azi nu e nevoie să cunoşti regula de trei simplă.

Deh, un tânăr genial!

Aşa-s fabricate geniile, chiar şi cele de la Cambridge.

Şi diplomele.

Patriot, mai puţin...

Paris, 21 iunie 2016

Rezervasem locuri la „Piramida" Casei Universitarilor. Urma să fim vecini la masa de revelion. Ne întâlneam după patruzeci de ani. Cum o să se comporte? Ca un prieten? Ca un îngâmfat? Alte variante nu-mi veneau în gând. O să-şi aducă oare aminte de mine?

... L-am cunoscut pe F... în primul meu an de serviciu la facultate. De altfel, nici nu începusem cursurile, căci, înainte chiar de a fi intrat în vreun amfiteatru, am fost mobilizat, împreună cu studenţii, la cules de porumb. M-am prezentat dis-de-dimineaţă în faţa Casei de Cultură a Studenţilor, unde erau aliniate, sumbru, autobuzele. Era încă întuneric şi răcoare. Mă simţeam stingher şi sfios. Am căutat un loc în faţă, într-unul din autobuze, însă studenţii nu mă ştiau, nu m-au luat în seamă şi nu m-au primit printre ei.

Abia atunci făcuseră şi ei cunoştinţă unii cu alţii, şi îşi legau primele prietenii.

Apare, în fine, un alt cadru didactic. Sosise cu o maşină mică, de culoare albastru deschis. După veşminte, nu părea pregătit pentru munca la câmp. Purta cravată, pantofi fini, pălărie şi mănuşi, şi un loden ce se asorta cu nuanţa maşinii. Era doar cu câţiva ani mai în vârstă decât mine. L-am rugat să mă ia cu dânsul în autoturism:

- Nu obişnuiesc să duc pasageri!, mă îndepărtă el cu răceală.

M-am instalat unde am putut, iar după vreo două ceasuri de drum debarcam în curtea prăfoasă şi pătată cu ulei a C.A.P.-ului „Mihai Viteazu". Ni s-au arătat dormitoarele şi sala de mese. Am aflat că fuseseră angajaţi bucătari şi că se tăiaseră porci. Preşedintele ne-a spus că noi doi vom lua masa într-o sală aparte, cu meniu îmbunătăţit, şi că pentru noi mai tăiase şi un viţel.

- Vom consuma aceeaşi mâncare şi în acelaşi loc cu studenţii!, i-o reteză F…, spre deruta preşedintelui şi regretul meu, căci în vremea aceea începuse deja sărăcia! Îl pizmuiam, căci, medic fiind, nu părea să ştie ce-s lipsurile şi bănuiam că era om cu relaţii. N-am îndrăznit să protestez, pentru că activităţile acestea obşteşti erau intens supravegheate şi toţi luam parte la ele cu o teamă greu de disimulat.

Nouă, cadrelor didactice, ni s-a rezervat o încăpere mare, cu două paturi şi o oglindă, situată chiar deasupra cantinei. Primisem o jumătate de oră să ne echipăm, apoi am fost urcaţi în remorci trase de tractor, iar pe la orele zece eram deja aliniaţi în front de lucru în tarla. M-am străduit să mă perfecţionez rapid în tehnica culesului şi dezghiocatului ştiuleţilor, să-mi găsesc resurse de organizator şi să îndemn prin exemplu personal studenţii la muncă, căutând tertipuri să-i mobilizez şi pe cei câţiva recalcitranţi - căci, oricât de mirat am fost să-i descopăr, erau şi dintre aceia care... nu se temeau!

Seara am avut, totuşi, masă aparte. Nu în separeul propus iniţial, ca să nu se încalce consemnul, ci taman în bucătărie. Lumină intensă.

Căldură, mirosuri, umezeală, ciment alunecos. Apoi am urcat în dormitor.

- N-ar fi trebuit să semnăm cu preşedintele „minuta" încă din seara asta?, îl întreb eu pe F..., ingenuu.

Parcă l-aş fi plesnit cu biciul peste obraz. Făcu o mutră înspăimântată şi bâlbâi cu dificultate:

- De unde ştii de minută? Nu te-am văzut să fi fost la instructajul de la Securitate! Cum de eşti la curent?

În mintea lui F... era limpede că eu eram „mai mare în grad" decât el, chiar dacă el fusese desemnat ca „responsabil" - ceea ce-l plasa dintr-o dată într-o postură ambiguă şi umilitoare! L-am liniştit, spunându-i că şeful meu de catedră ne adunase cu o zi înainte şi ne transmisese toate instrucţiunile.

Nu prea mi-a dat crezare. S-a întors să se pregătească de culcare. A scos la iveală o pijama de mătase naturală roşie şi o trusă de bărbierit minunată şi a început să se radă, deasupra ligheanului, ca să fie gata pe a doua zi. Bombănea că nu aveam dulap, nici măcar un cuier.

A doua zi m-a anunţat că renunţă la cină, căci dă o fugă la Cluj, să aducă de la birou un cuier-pom. L-am rugat să treacă şi pe la mine acasă, ca să-mi mai completez nişte lucruri. A acceptat în silă.

La reîntoarcere - lovitură de teatru. Era un alt om. Numai miere. Nu ştia cum să mă înconjure cu drăgălăşenii. Ce se întâmplase? A mers la casa părinţilor mei, unde a dat în grădină de tata, care tocmai se întreţinea cu academicianul Ilie Murgulescu, Preşedintele Academiei Române! L-au poftit să se aşeze la masă, a participat la discuţie, încântat, iar apoi nu-i mai venea să plece...

Restul „stagiului" de muncă patriotică l-am petrecut în prietenoasă armonie.

Evident că la întoarcere am revenit în maşina lui, şi că m-a condus până în faţa porţii!

... Mă întrebam cum o să se comporte în seara de revelion, când ne vom revedea după patruzeci de ani?

„*Hon(n)i soit qui mal y pense*" - e deviza Coroanei britanice, mai precis, a Ordinului Jartierei: „Ruşine celui ce se gândeşte la rău!" Admonestarea asta mi se adresează mie.

În realitate, m-a salutat cu naturaleţe. Era superb. Părul argintiu, abundent, cârlionţat, pieptănat cu cărare. Purta un smoching alb, cu cravată-papion aurie. Ce-a de-a doua soţie era tânără şi comunicativă. Purta şi ea o rochie albă, cu umerii şi spatele gol, şi un cojocel minuscul din nurcă, albă şi ea. O ţinută nostimă şi extravagantă. Ea a înveselit pe toată lumea, dar el a rămas retras, n-a scos o vorbă şi a ţinut toată seara privirea întoarsă înspre tavan.

Credeam că moţăie.

Vecinii din faţă mi-au spus ulterior că mă înşelasem: ţinea capul ridicat ca să nu se vadă că-i curg lacrimile. Se pare că a plâns pe toată durata revelionului...

Cluj-Napoca, 1 ianuarie și Paris, 14 ianuarie 2016

Ne-am născut într-o familie înstărită.

După întregirea ţării în 1918, au început să se înmulţească la Cluj funcţionarii şi oamenii de artă români – într-un cuvânt, se consolida o nouă clasă „mijlocie", autohtonă. Cele mai multe familii aparţinând acestei clase în ascensiune şi-au făcut case pe dealul din stânga cimitirului, care urma să devină ulterior o zonă şic: cartierul Andrei Mureşanu. La început, terenurile din zona respectivă costau o nimica toată. Cine cumpăra, era pregătit sufleteşte să se învecineze, măcar o vreme, în plin oraş, cu terenuri virane, cu grădini de pomi fructiferi, cu tarlale cultivate sau cu şantiere...

Se vorbeşte adesea despre „bunăstarea" dintre cele două Războaie mondiale, dar rareori are omul ocazie s-o „vizualizeze" prin exemple concrete. Un astfel de exemplu o constituie familia mea: intelectuali cu un venit „mediu", strămoşii mei au putut să-şi construiască din salar o casă cu grădină în cartierul care astăzi e mult jinduit; în vacanţe, ei şi copiii lor (părinţii mei) se duceau „la băi", în Italia, luând trenul cu aceeaşi uşurinţă cu care noi ne-am duce azi la ştrandul sărat din Turda, iar de acolo, bunica se întorcea întotdeauna cu câte un candelabru de Murano, sau o piesă frumoasă de mobilier. Aveau cinci servitoare: una venea la curăţenie, alta la spălat rufe şi o a treia la călcat. Celelalte două locuiau în casă: bucătăreasa şi „fata", bună pentru tot felul de corvezi. Nici nu-s sigură că tata nu-i făcuse acesteia din urmă ochi dulci – tata era un bonom, în timp ce mama era severă şi acră.

După „23 august", părinţii au rămas, o vreme, cu cele două servitoare, care continuau să locuiască la subsol. Aşa ne-am început noi viaţa, ca două răsfăţate, în casă de oameni „avuţi". Ne jucam ca băieţii, hârjonindu-ne prin grădină, urcam în pomi şi mâncam cireşe, pere, mere sau prune pe săturate, iar în bucătărie - ce greşeală! - nu aveam permisiunea să intrăm:

- „Voi nu trebuie să vă amestecaţi cu lumea servitoarelor, voi trebuie să staţi la locurile voastre, trebuie să deveniţi doamne"...

Mai întâi, părinţii au vândut tacâmurile din aur, dar apoi au trebuit să renunţe şi la servitoare, pentru ca să reducă din cheltuieli. La subsol au instalat doi chiriaşi. Erau doi băieţi tineri, cu studii, căci ambii îşi ziceau „ingineri" – şi probabil nu minţeau.

Noi continuam să fim ţinute pe palme. Eu aveam o singură obligaţie: să exersez la pian. Sora mea nu avea niciuna, căci ea nu avea vreun talent anume. Când scăpam de sub observaţie, coboram la băieţi şi le ceream să ne ducă la Restaurantul Simplon. Ei ne cumpărau cacao, bere, cafele, şi s-a întâmplat nu o dată să revin acasă beată – nu tare, doar cât să mă impletecesc la mers, iar apoi să dorm neîntoarsă. Părinţii nu ştiau că ne pupam, ne lăsam mângâiate şi că asta ne plăcea.

- „Nu m-aş atinge de tine pentru nimic în lume", mi-a spus băiatul pe care îl simpatizam mai tare, „dar măritată, da, indiferent cu cine vei fi, eu vreau să fii o dată a mea!"

Aşa concepeam lucrurile şi noi. Veselie, dar să nu lase urme.

Pe neaşteptate mi-a căzut cu tronc un băiat. Am fost atrasă de părul lui blond. M-a cerut de soţie.

- „Te rog să te dezbraci în pielea goală", i-am spus.

- „De ce?"

- „Vreau să ştiu cu cine mă mărit".

Prefer să nu comentez dacă am făcut sau nu o alegere bună. Noi am rămas în casă, cu mama. Tata murise. Am învăţat să gătesc.

Sora mea a luat în căsătorie un parşiv. Acesta a călcat strâmb din prima clipă: erau deja logodiţi, când a anunţat-o că pleacă în State, s-o cunoască pe americanca cu care coresponda de mai mulţi ani.

- „Merg să văd dacă mă potrivesc", i-a zis fără ruşine.

A ajuns în America cu mâinile în buzunar.

- „Câţi bani aduci?", a fost prima întrebarea a individei. A aflat că venise cu un bilet cu întoarcere peste o lună. O lună l-a ţinut închis în casă, fără hrană, doar cu apă şi ce găsea în frigider! A revenit slab şi spăşit. Soră-mea l-a iertat. Era şi ea, de fapt, o zdreanţă de acelaşi nivel…

A murit mama. A doua zi, sora mea şi cumnatul s-au înfăţişat la noi, pretinzându-ne un rând de chei:

- „De acum înainte e şi casa noastră."

Au pretins să înjumătăţim totul, inclusiv ceea ce nu se poate împărţi: lenjerie, veselă, tacâmuri, castronul de supă (?!), pianul, deşi niciunul din ei nu cântau. Au cerut partea lor din găini, deşi erau toate ale noastre, inclusiv cocoşul, pe care au insistat să-l taie şi să ia jumătate. Am vândut pe doi bani casa, mobilele, pianul, doar ca să le putem împărţi.

Soţul meu are un frate în America, un om blând şi generos, graţie căruia am putut să ne ridicăm. Ne-a împrumutat cincizeci de mii de dolari. Cu ei am cumpărat *en-gros* şi am vândut zahăr. Tone de zahăr treceau prin mâinile noastre. Am fost bine inspiraţi. Iată-ne, în fine, bogaţi. Luam micul dejun, prânzul şi cina la restaurant. Savuram invidia din ochii cumnatului.

- „Puneţi bani deoparte", îmi spunea sora.

- „Nu vrea soţul. A hotărât că trebuie să ne trăim clipa."

- „Dar tu nu ai vreun cuvânt de spus?"

Nu, nu am avut. Noi continuam să ducem *high life*. Ne avertizase şi cumnatul din State:

- „Economia are legi. O să daţi faliment. Oricum, nu oricine ,are voie' să fie bogat, voi nu ştiţi asta?"...

O singură dată am cedat marfa înainte de a vedea banii. Şaizeci de mii de dolari s-au dus atunci pe copcă. Am rămas fix cu cei cincizeci de mii primiţi, pe care i-am restituit. Eram în acelaşi stadiu ca la pornire.

Fratelui din State i-a sucit capul o negresă cu 20 de ani mai tânăra decât el (şi care mai avea şi

un copil). Femeia a-nchis „robinetul". Din America
n-am mai văzut alți bani.

Suntem săraci lipiți. Facem pe taximetriștii,
când pică. Casa noastră e doar o îngrămădeală de
lucruri, și nici nu poți s-o numești „casă".

Degeaba m-am născut într-o familie extrem
de înstărită, că nu am știut să păstrez bogăția...

Amintiri, amintiri…

La începutul anilor '50, Securitatea din Cluj a funcţionat în imobilul situat pe strada Republicii nr. 23. Din sus de acest număr, panta se accentua, iar carosabilul, care, de un veac, era pavat cu pietre de râu, devenea neregulat. Oamenii şi trăsurile îl urcau cu stăruinţă, ca să ajungă la Grădina Botanică, la numărul 42, pe partea dreaptă a străzii. La numărul 23, gardul Securităţii era înalt, din ciment, şi avea o ciudată culoare cenuşiu-albăstruie. Când, mai târziu, clădirea devenea Casa Pionierilor, gardul a fost spart cu dalta şi ciocanul – am văzut cum nişte meşteri au muncit la el zile în şir! –, lăsând să reapară fostul grilaj, din fier forjat, care fusese încorporat în ciment drept „armătură". Astăzi, clădirea adăposteşte Palatul Copiilor şi – e de râs? e de plâns? - sediul Asociaţiei Foştilor Deţinuţi Politici din România, Filiala Cluj.

Pe vremea când gardul era încă înalt, am fost „luat la zdup" şi eu, pentru bănuiala de „activitate contra clasei muncitoare", activitate neconfirmată însă, fiind fondată doar pe suspiciunea de a fi fost „fiu de intelectual". Am primit totuşi doi ani de „detenţie grea" pentru „manifestări duşmănoase", din cu totul alt motiv: întemniţat fiind preventiv într-unul din beciurile de la subsol, am auzit într-o noapte cum se deschide uşa de la celula vecină, după care a răsunat o detunătură puternică[25]. Dimineaţa am fost întrebat

---

[25] Metoda prin care au fost omorâţi unii deţinuţi o cunosc doar cei care au fost desemnaţi să execute aceste crime, aceştia fiind cadre operative ale Securităţii din Cluj, care au acţionat din ordinul direct al colonelului Mihai Patriciu, unul dintre cei mai mari criminali ai României „comuniste". Mihai Patriciu (nume real, Grunsperger Mihai), membru al P.C.R. din ilegalitate, a luptat în războiul civil din Spania, în cadrul Brigăzilor Internaţionale. În 1945 a fost numit inspector la Siguranţa din Cluj, apoi inspector general al Inspectoratului Regional de Poliţie Cluj (1947-1948). După înfiinţarea Securităţii, a deţinut funcţia de şef al Direcţiei Regionale a Securităţii Poporului Cluj (august 1948 - ianuarie 1951). Ulterior a fost mutat ca şef al Direcţiei Regionale de Securitate Braşov, funcţie pe care a deţinut-o până în 1952 când a fost trecut în rezervă. După plecarea din Securitate a fost director la Uzina Metalurgică din Reşiţa, apoi director la

dacă am auzit ceva şi am avut naivitatea să răspund afirmativ. M-au ameninţat să nu spun vreun cuvânt despre incident la ancheta care a urmat peste doar câteva ore, dar asta nu m-a salvat. Am fost condamnat... pentru orice eventualitate.

Am fost dus în lagăr.

N-am pierit.

La un moment dat, se înfundase latrina şi mi s-a poruncit să scot din ea murdăria cu găleata, pe care s-o vărs apoi într-o râpă. Ca să-şi bată joc de mine, locţiitorul politic îmi dădu un şut cu piciorul. M-am prefăcut că-l confund cu unul din ortaci, m-am îndreptat, am ridicat găleata şi i-am deşertat-o în cap. (Ceilalţi puşcăriaşi i-au venit, chipurile, „în ajutor" şi l-au spălat din cap până-n picioare cu furtunul, cu apă... rece!). Au vrut să mă

Întreprinderea Unio din Satu Mare. Mihai Patriciu a trăit liniştit în Cluj până în 1996, când a decedat, însă după 1989 nimeni nu i-a cerut în mod oficial socoteală pentru zecile de vieţi luate şi sutele sau miile de destine umane distruse. Sursa: internet.

trimită la curtea marţială, dar ceilalţi au dat declaraţii despre ceea ce au văzut, aşa că am scăpat. Spre mulţumirea tuturor, gardianul a fost destituit, iar eu am primit „doar" trei zile de arest.

Arestul era la etaj, în clădirea administraţiei, unde se aflau o serie de „spaţii" (că nu le poţi numi încăperi) de aproximativ un metru pătrat, atât de strâmte, că nu puteai sta întins, ci doar ghemuit. Sticla ferestrei lipsea şi era al naibii de frig. Camarazii mei de ocnă au tăiat însă un copăcel, l-au adus sub fereastră şi s-au căţărat în el, să-mi întindă, printre zăbrele, ţigări, ţuică şi vin, „să mă încălzesc". Nu ştiu cum le obţinuseră.

Dinspre culoar eram supravegheat, însă, prin ferestruică, de un ţigan, care era cel mai afurisit dintre gardieni. Eram atât de beat, încât nu mi-am dat seama că mă spiona. A chemat un coleg în ajutor şi au năvălit să mă bată. Urletele l-au adus la mine pe comandantul închisorii.

- Cine ţi-a adus băutura?, mă întreabă.

Îl indic din privire pe ţigan.

Tot din privire, comandantul îi dădu o poruncă celuilalt gardian. Ţiganul e dezarmat şi condus afară. Nu l-a revăzut nimeni, niciodată. Eu devenisem eroul penitenciarului.

Curând, „am scăpat" şi de comandant. Din prostia lui. Într-o noapte, a ieşit să inspecteze sentinelele din miradoare. Într-unul din turnurile de pază l-a găsit pe soldat dormind în post.

- Drepţi, banditule!, tună el.

- Stai! Parola!, strigă cătana, ce încă nu se dezmeticise.

- Măi, porcule, tu nu ştii cine sunt eu?

- Stai, că trag!, zbieră el, ca un robot.

Şi a tras!

Cu Doru, la Cluj-Napoca, decembrie 2016

Interviu realizat de doamna Daniela Sitar-Tăut, pentru revista „Nord Literar".

Daniela Sitar-Tăut: Domnule profesor, sunteţi absolvent al Facultăţii de biofizică de la King's College (Universitatea din Londra) şi doctor în biofizică al Universităţii din Keele (Anglia). După absolvire, vreme de treisprezece ani aţi ţinut cursuri la Universitatea de Medicină şi Farmacie din Cluj-Napoca, dar aţi ajuns şomer („fără ore"), tocmai în comunism. În notele Dvs. biografice motivaţi ambiguu faptul prin explicaţia: „poate pentru că eram diferit de ceilalţi". Ce înseamnă acest lucru?

Horea Porumb: La vremea aceea eram un candid. Nu ştiam că în instituţiile româneşti se avansează „în ordinea vechimii" – şi că, tot aşa, în ordine inversă, ţi se face şi vânt -, şi nu am luat în seamă nici sfatul unui coleg, care-mi spunea că trebuie să petreci măcar un sfert de oră pe zi „ducând oliţa" şefului. Eram impregnat de spiritul *fair play* britanic, unic în felul său. Unic, inclusiv prin aceea că în Anglia şefului de departament i se acorda toată încrederea să-şi angajeze colaboratorii „pe bază de relaţii personale" şi nu se scotea postul la concurs decât în cazul în care el nu reuşea prin prietenii! Anglia era o excepţie care nici nu ştiu dacă mai persistă. Mai târziu, am descoperit că Franţa - la fel ca şi România, de altfel - suferă de pe urma unui regim de „mandarinat", şi că ţara Luminilor nu este nicidecum singura ce evoluează pe bază de principii corupte – deh, spiritul latin...

Cum să nu apar „diferit" faţa de colegii mei de la UMF când, în ciuda „sărăciei" dotărilor, m-am investit în cercetarea ştiinţifică şi am ajuns, recunosc, animat de profesorul Bârzu şi ajutat de alţi clujeni entuziaşti – din păcate aparţinând altor catedre – să public lucrări în reviste bine cotate din străinătate? Recunosc faptul că, după ce am văzut lumea ca student – făcusem turul globului cu rucsacul în spate –, după ce am discutat ca de la egal la egal cu laureaţi ai Premiului Nobel şi am întâlnit feţe încoronate, după ce am făcut ştiinţă la cel mai înalt nivel, în domenii de ultimă oră, urcat fiind – ca să folosesc expresia profesorului Mantsch – pe o coloană înaltă şi instabilă, am încercat să mă încadrez în tiparele autohtone. Iată că nu am reuşit. Am făcut efort să spun cuvinte simţite la învăţământul politic - de care să nu-mi fie ruşine mai târziu -, şi mă sileam să nu întorc privirea când treceam prin faţa Librăriei Universităţii, unde în vitrina de la colţ erau expuse volumele, în roşu, ale „conducătorului iubit". L-am detestat şi eu pe Ceauşescu, fără discernământ, eu, ca noi toţi ceilalţi, nătângi, aţâţaţi fiind de propaganda ce ne venea prin postul de radio Europa Liberă, şi care nu ne îngăduia să vedem decât părţile rele. Părţile „bune" de atunci au devenit „vizibile" doar acum, de când am devenit „liberi de comunism", părţi ce se evidenţiază doar prin... lipsă!

Daniela Sitar-Tăut: Care au fost diferenţele resimţite între sistemul de învăţământ/cercetare din Franţa şi cel(e) de la noi?

Horea Porumb: Învăţământul universitar românesc, în instituţiile sale tradiţionale, a fost şi continuă să fie de cel mai înalt nivel. Ex-învăţământul nostru şcolar, numiţi-l stalinist, dacă vreţi, era şi el remarcabil. De nu ar fi fost aşa, nu aş fi putut supravieţui în Occident, unde trebuie să fii mult mai bun decât „ei" pentru a fi luat în seamă. Şcoala românească „a fost", dar, cu unele excepţii, nu mai este ca înainte – în perfect acord cu decăderea (voită) a instrucţiunii publice de pretutindeni. Pe de altă parte, materia cenuşie românească, în ansamblu, este deosebită – şi e dureros faptul că astăzi instituţiile noastre de învăţământ superior (precum şi unele licee de excepţie) produc serii după serii de intelectuali... tocmai buni pentru export.

În ceea ce priveşte cercetarea ştiinţifică, cantitatea de inteligenţă şi efortul depus într-o ţară săracă trebuie să fie cu atât mai mare cu cât condiţiile materiale sunt mai precare. De aceea, îmi scot pălăria în faţa acelor români rămaşi în patrie şi care fac, totuşi „treabă" bună.

Când am ajuns în Franţa, am avut şansa să fiu primit la Institutul „Gustave Roussy", un mare centru oncologic din sudul Parisului, unde eram deja cunoscut prin lucrările mele. Ca să trec de acolo în învăţământ, pentru a urma *bêtement* tradiţia familiei mele, am participat la un concurs naţional („Interface Chimie-Biologie"), unde am propus un proiect de cercetare ştiinţifică ce ar fi necesitat, scriam eu, „mutarea" mea la Universitatea Paris 13. Am câştigat acel concurs şi am primit poziţia (modestă, dar stabilă!) pe care o râvneam. Cu titlu informativ, „zestrea" financiară cu care m-am instalat la Universitate era de ordinul unui milion de franci (aproximativ 160 de mii de euro), ceea ce pentru bieţii români pare mult. Ei bine, prin contrast, în anii 2004-2005 am fost plecat ca *visiting scientist* la Ontario Cancer Institute, pe lângă Universitatea din Toronto, Canada. În acele laboratoare se cheltuia un milion de dolari... pe zi! Noi, crescuţi „în comunism", am fost obişnuiţi cu ideea „stabilităţii" – a postului, a locuinţei, a pensiei. Acesta este motivul, laş, pentru care am preferat să rămân în Franţa, o ţară unde regimul social, inadmisibil de generos, mai ales pentru cine nu-l merită, se aseamănă mult cu cel cu care fuseserăm obişnuiţi de mici, în fosta Românie.

În Franţa, nivelul absolvenţilor de facultate, precum şi al celor ce se înscriu la doctorat, este tot mai slab. Nu e de mirare, căci la absolvire tinerii găsesc cu greu un post pe măsura diplomei obţinute şi nu se îmbulzesc la studii – chiar dacă, bacalaureatul pierzând orice valoare de selecţie, toţi au acces la universitate şi mulţi îşi încearcă „norocul" înscriindu-se în anul întâi. Nici în Canada şi Statele Unite producţia de intelectuali „autohtoni" nu e cea pe care ne-o imaginăm. Dovada o constituie faptul că în facultăţile şi laboratoarele „bune" de dincolo de Atlantic sunt primiţi şi predomină, de regulă, studenţi veniţi din Asia – numele universităţilor din Beijing, Seul sau Tokyo fiind o garanţie de calitate. De remarcat că, în acele ţări „exotice", aparţinând (deloc) întâmplător unor civilizaţii seculare stabile, învăţământul şcolar nu este „ludic", ca la noi, în

Occident; el începe pe la vârsta de patru ani, iar elevii poartă uniforme.

*Daniela Sitar-Tăut: Sunteţi membru USR filiala Cluj, aţi debutat editorial cu volumul **Reflecţii heteroclite** (Cluj-Napoca, 2001) în care mărturisiţi: „eu nu puteam să mă limitez la propria mea profesiune, oricât de multe satisfacţii mi-a adus şi îmi aduce..." Care sunt circumstanţele apropierii Dvs. de literatură sau, mai bine şcolărescul triptic când? cum? şi de ce aţi început să scrieţi?*

Horea Porumb: Îmi amintesc cum am asistat la Cluj, prin anii '80, la un spectacol de operă cu *Boema* de Puccini. Purtam paltoanele pe noi şi ne păstrasem mănuşile. Sala era neîncălzită. În actul întâi „ningea" nu numai în piesa de pe scenă, ci îngheţau la propriu şi spectatorii. Mai târziu, prin anii '90, când de „bunăstarea" promisă prin aşa-zisa revoluţie nu ajunseseră încă să profite nici măcar fragmentul de societate care beneficiază de ea în ziua de azi, sala era tot neîncălzită. Eram la *Lucia de Lamermoor* de Donizetti. Actorii au fost magnifici, au cântat cu pasiune, iar noi am plâns de emoţie. Sala era abia umplută de un sfert (astăzi ea este plină la fiecare spectacol!), dar s-a aplaudat frenetic, iar actorii salutau publicul prin plecăciuni de recunoştinţă, pline de distincţie. În drum spre Franţa ne-am oprit la Praga şi am asistat la ultimul spectacol al Festivalului Verdi, cu *Don Carlo*. Interpretarea a fost excelentă şi acolo – de altfel, ea se apropie de perfecţiune, acum, la mai toate marile teatre. Primadonei i s-au adus flori, dar ea nu a făcut niciun gest de mulţumire. Tenorul a fost felicitat de o doamnă venerabilă, o somitate, dar el nu s-a sinchisit să-i sărute mâna, ci i-a scuturat-o „tovărăşeşte". Despre toate aceste contraste am scris în primul meu reportaj-eseu, o strigare din inimă.

Între timp, în ţară, Petre Roman trimitea la fier vechi întreaga noastră infrastructură – realizată cu trudă, inclusiv prin muncă forţată, de către părinţii noştri – şi am identificat faptul că cei care comanditaseră această crimă o justificau prin prisma principiului biblic al „peticului nou", ce nu trebuia aplicat pe haina învechită[26]. Sper că de atunci oamenii noştri au înţeles, în fine, după aproape trei decenii, comparând câmpurile de ruine de la Săvineşti şi Călan, cu oraşele bombardate în Irak şi Siria de către aceiaşi aducători ai democraţiei, că motivul invocat pentru destrămarea economiei noastre naţionale fusese o minciună sfruntată.

Tot la acea vreme, în Franţa, vedeam sosind în Laboratorul nostru tineri savanţi ruşi, aleşi pe sprânceană, amăgiţi să-şi părăsească patria şi să-i trădeze secretele. Cu unii dintre ei am putut schimba confidenţe, rupând-o puţin chiar şi pe limba lor, şi am avut impresia că recunoşteam aplicarea unui alt principiu biblic, acela de a-ţi pune oamenii tăi la „porţile străine"[27]. Nu ştiu nici până în ziua de azi dacă respectivii erau lichele vândute sau agenţi KGB-işti, sau şi una şi alta la un loc.

---

[26] „Nimeni nu coase la haină veche petec dintr-o bucată de stofă nouă..." (Marcu 2.21).
[27] Facerea 22.17

Am combinat reflecţii teologice cu observaţii de felul celor de mai sus într-un eseu mai lung, cu care am avut onoarea să deschid, pe prima pagină, unul din numerele revistei *Steaua*, ce apare la Cluj. Acesta a fost debutul meu literar. Am fost încurajat de poetul Aurel Rău, redactorul revistei, pe care îl respect ca pe un mare patriot, căci a fost un apărător al libertăţii de „a scrie" şi „a publica" încă în timpul vechiului regim. De atunci am publicat în mod constant la Steaua. Am reunit într-un prim volum genul de eseuri-povestiri, ilustrat în paragraful precedent, acestea fiind *Reflecţiile heteroclite*, apărute în anul 2001. Azi sunt la al şaselea sau şaptelea volum publicat, unele dintre textele mele fiind de proză scurtă, altele memorialistice, majoritatea sunt scrise pe un ton vesel, glumeţ, dar în cele mai multe dintre ele spiritul eseistic se menţine, insidios.

*Daniela Sitar-Tăut: În finalul ultimului Dvs. volum, **Parisul meu. Din jurnalul unui***

francez prin adopție *(Corint Books, București, 2016), mărturisiți: „Ca student, pe vremea când se obișnuia să se facă turism cu rucsacul pe spate și cu autostopul, am vizitat mai întâi majoritatea țărilor europene și mediteraneene, iar apoi am făcut înconjurul lumii, care a durat... 81 de zile, ca și în romanul lui Jules Verne." Dați-mi, vă rog, câteva exemple de popasuri geografic-culturale pe care le-ați făcut de atunci.*

Horea Porumb: „Ocolul Pământului în 81 de zile și vieți" este titlul provizoriu al unui volum în pregătire, care va descrie tocmai peregrinarea la care vă referiți. Am vizitat cu acel prilej multe dintre țările emisferei de nord. Alte țări și experiențe s-au adăugat ulterior. Îmi vin în minte argumentele pe care le-am prezentat funcționarilor însărcinați cu verificarea și aprobarea cererilor de vizitare a Muntelui Sfânt.

„Vă notăm acum, iar peste șase luni vă scriem, ca să vă întrebăm dacă persistați în solicitare, și apoi vă programăm. La Muntele Athos pot debarca doar zece persoane pe zi", ne spusese funcționarul.

„Vorbeşte-le astfel încât să te primească acum", a insistat soţia. Am înşirat atunci ceva în sensul:

„Am fost în China, să cunosc taoismul şi confucianismul, în India şi Sri Lanka, să cunosc hinduismul şi budismul, în Egipt, să identific unele rădăcini ale culturii noastre, şi în Israel, să parcurg drumul Crucii. A venit momentul să-mi cunosc şi propria religie!"

Tânărul meu interlocutor a stat o clipă pe gânduri, apoi mi-a întins un bilet pe care a scris un număr de telefon şi mi-a sugerat să sun şi să repet cele tocmai spuse.

„Vă invit pe loc!" a replicat, la telefon, răposatul stareţ al Schitului românesc „Pro Dromu", părintele Petroniu. Am trăit experienţe deosebite acolo, pe Muntele Sfânt. Altele, tot atât de intense şi, aş zice, „înălţătoare", le-am trăit aiurea, de pildă la amerindienii înveşmântaţi cu podoabe din pene de vultur, adunaţi în jurul tamburului, la festivalul lor anual „PowWow", la Toronto. Oamenii caută să se apropie de sacru, oriunde! Poate că aceasta este prima învăţătură ce-o primeşti atunci când călătoreşti.

România este în bună parte ortodoxă. Insist, însă, asupra faptului că „sanctuarul" de la Muntele Athos a fost creat la iniţiativa Sfântului Athanasie cu câteva decenii înainte de Marea Schismă, tocmai pentru a păstra nealterată religia „de atunci". Probabil intuia, el, că se apropia o tristă ruptură.

Îmi amintesc, prin asociaţie de idei, de vizita noastră, a mea şi a fratelui meu geamăn, la Mănăstirea Sfânta Ecaterina din Sinai. Am dorit să vizităm biblioteca, unde erau adăpostite – şi unele chiar expuse, la loc de cinste – danii în cărţi ale unor domnitori români, precum Grigore Ghica, Nicolae Mavrocordat, Petru Rareş, Petru Şchiopul, Vasile Lupu, Alexandru Ipsilanti, Alexandru al II-lea Mircea, Mihail Racoviţă, Ieremia Movilă, Radu Paisie, Petru cel Tânăr, Matei Basarab. (Alte documente importante ar fi fost cele referitoare la originea şi istoria „beduinilor" Gebelieh, o comunitate de obârşie română, oameni „ai muntelui", munteni, urmaşii robilor valahi, aduşi cu cincisprezece secole în urmă de către Împăratul bizantin Iustinian pentru a ridica Mănăstirea Sfânta Ecaterina, oameni care vorbesc limba noastră şi în ziua de azi. Dar acest fond documentar este ţinut „ascuns", în semn de „pedeapsă" pentru secularizarea averilor mănăstireşti, gestul lui Al. I. Cuza fiind adânc resimţit pe aceste meleaguri). Ca să vizitezi biblioteca, trebuie să plăteşti. Suma cu care eşti taxat depinde de rezultatul întrevederii cu părintele bibliotecar. Din capul locului, catolicii plătesc mai mult. Nu este suficient însă să te declari ortodox, căci urmează... examenul oral. Te verifică. Îţi pune întrebări ca să vadă în ce măsură cunoşti Scriptura! Nu poţi trişa.

Când am ajuns în Occident, am cerut sfatul soţiei:

„Cu ce să încep să citesc?"

„Citeşte Biblia, mi-a spus, întreaga noastră cultură se învârteşte în jurul ei."

Aşa se face că prima mea veritabilă călătorie am făcut-o cu Ghidul în mână şi Atlasul în faţă. Urmăream ghidul, adică Vechiul şi Noul Testament, trasând, realmente, itinerarul pe hartă. Era prima mea călătorie „pe verticală". Apropo, unul dintre volumele mele ulterioare se numeşte tot „atlas": „Atlas. Prin lume şi prin noi înşine" (Editura Eikon, 2014).

Daniela Sitar-Tăut: Sunteţi un partizan al povestirii, ba chiar daţi o insolită definiţie acestei specii narative: „Prin munca mea în domeniul ştiinţific, am avut un fel de privilegiu să mă aflu adesea la «frontierele» cunoaşterii, şi am îndrăzneala s-o spun: ne apropiem de „adevăr" nu numai prin raţiune. Uneori ne lăsăm «inspiraţi». Poeţii, artiştii, matematicienii o ştiu foarte bine. Intuiţia nu este neapărat o facultate a intelectului. E mai degrabă apanajul inimii. Povestirea e ca o invitaţie la călătorie. La o călătorie pe verticală."

Horea Porumb: Ortodoxia nu a renunţat la graiul inimi, aşa cum s-a lepădat de el Occidentul „raţional" – cu toate că „discursul metodei" ştiinţifice[28] îşi avea originea în Orient, în Grecia Antică. Ştiinţa este apanajul raţiunii, al intelectului, este un exerciţiu al *logos*-ului, prin care generalizăm şi extrapolăm fapte măsurabile din lumea cu care venim în contact – direct sau prin intermediul instrumentelor de măsură. Ştiinţa are limitele sale, oricât de dificil ar fi să acceptăm acest lucru - ea poate da răspunsuri legate doar de universul „sensibil", de lumea tangibilă, căci manipulează numai informaţii venind din contingent.

Cercetătorul ajuns la „frontierele cunoaşterii", se află ca pe un pisc de munte, dincolo de care, mai sus, e doar cerul. Pentru omul de ştiinţă, acest „dincolo de frontiere" este, însă, de altă natură, sau, aş zice, dincolo de „natură", dincolo de limitele „accesibile măsurătorilor", dincolo de *physis* – iar acela e domeniul metafizicii. Uneltele nu mai sunt aceleaşi, aici un

---

[28] Fac aluzie la: „Discours de la méthode (Pour bien conduire sa raison, et chercher la vérité dans les sciences)", René Descartes, La Haye , 1637.

rol preponderent îl joacă intuiţia, sentimentul, percepţia fără cuvinte. Oamenii de ştiinţă au nevoie şi de această aptitudine. Savanţii, la fel ca poeţii sau compozitorii, pot să confirme faptul că inspiraţia, intuiţia, imaginaţia nu sunt simple accelerări ale gândirii. Ele vin dinafara „gândurilor". Unii spun că inspiraţia şi intuiţia ar fi manifestări ale „graiului inimii" – iar o verticală pare a uni inima cu Cerul.

Religia („religare, reliere") are darul de a uni oamenii între ei şi de a-i uni pe oameni cu divinitatea. Artistul, în general, şi scriitorul, în cazul de faţă, au acelaşi rol. În primele universităţi din Evul Mediu se predau un număr de discipline înmănuncheate sub denumirea de „arte liberale". Erau şapte la număr. Primele trei constituiau *trivium*-ul: gramatica, logica, retorica. Ele îţi permiteau să te faci înţeles atunci când te exprimai în public, dar nu toţi oamenii pricep că, în realitate, ele ţi se adresau în primul rând ţie, ca să-ţi poţi „vorbi", conştientiza şi rândui trăirile, dintre care unele proveneau tocmai din intuiţia non-discursivă şi se cereau verbalizate. Celelalte patru, *quadrivium*-ul, erau reprezentate de discipline (doar) aparent neînrudite: geometria, astronomia, aritmetica şi muzica. Ascultând oratoriul *Messiah* de Haendel nu se poate să nu ai senzaţia că ţi se deschide cerul. Contemplând bolta cerească, nu se poate să nu fii tulburat de armonia „sferelor". Cele patru discipline conduceau, de fapt, către acelaşi loc, erau „metode" (μέθοδοι), cu sensul de „cai" de acces la divinitate!

Cuvântul „artă" nu ne vine din greacă (la ei se spune *tehni*, τέχνη), dar multe cuvinte greceşti care încep cu alpha şi rho se referă la articulaţii, legături, conexiuni. De altfel, „arta războiului" pune în legătură două armate; podul, căile de comunicaţie sunt lucrări „de artă civilă" ce conectează maluri, oraşe. Tot aşa, arta „frumoasă" conştientizează în om armonia Creaţiei, îl leagă pe om de Creator. Aşa se face că eu văd *Povestirea, ca o invitaţie la călătorie. La o călătorie pe verticală.* Ea trebuie să te ajute să uneşti pe Dumnezeul din tine cu cel din Cer.

Poţi să fii ateu, agnostic, deist, teist... Agnosticul nu ştie care e adevărul, ateul nu vrea să ştie, deistul ştie, teistul îl şi imaginează. Să-l reduci, însă, pe Dumnezeu la cel al unei religii – al creştinilor, sau al evreilor, sau al musulmanilor, ori la Oceanul de lapte din care apar universurile hinduse, la lumina Nirvanei budiste, la briza primordială caldă-rece a taoiştilor... – înseamnă să-l minimizezi, să-l cobori la nivelul înţelegerii umane. Or, el e Totul, e Unu. În ceea ce-i priveşte pe atei, îmi permit să parafrazez un răspuns celebru: „Îţi spui ‚ateu', dar nu eşti decât un ignorant. Dacă ai să parcurgi acea ‚călătorie pe verticală', vei deveni, poate, ateu, dar vei fi unul ‚instruit'!"

*Daniela Sitar-Tăut: Cel de-al patrulea volum publicat de dumneavoastră, **Cu oameni prin lume** (Editura Ecou Transilvan, 2012), se află la graniţa dintre raţional şi supraraţional, dintre ştiinţă şi intuiţie: „Orientalii au dezvoltat un întreg arsenal de tehnici care te ajută să voiajezi «dincolo de mintal». Le-am avut «şi noi», cândva,* *dar le-am uitat, iar dezbaterea s-a purtat, în schimb, între «Credo ut intelligam» şi «Intelligo ut credam», dar în ambele variante intervenea înţelegerea, raţiunea! Graiul «inimii» nici nu mai era menţionat. Eu militez pentru a ni-l reaminti." Vă rog să ne mai spuneţi ceva în această direcţie.*

Horea Porumb : Din China şi India am învăţat că, prin gândurile ce ne invadează neîntrerupt, precum norii care se succed la nesfârşit pe bolta cerească, împiedicându-ne s-o cuprindem şi să ne-o apropriem, „mentalul nostru e un servitor care s-a făcut stăpân". Ne-am obişnuit cu această stare de „hiper-surzenie" provocată de avalanşa de gânduri, cu consecinţa renunţării la a ne pune întrebările fundamentale. Mai devreme sau mai târziu, vine însă şi timpul să ne auzim pe noi înşine, să ne cunoaştem cu adevărat. „*Gnothi seauton*" – „Cunoaşte-te pe tine însuţi... şi vei cunoaşte Universul şi zeii". Lumea citează, de regulă, doar începutul inscripţiei de la Delfi. Dacă, însă, acceptăm să „coborâm" în noi înşine, ceea ce echivalează, prin simetrie, cu depăşirea „plafonului de nori", nu se poate să nu ajungem la ideea că ascundem în noi, poate în inimă, o „sursă", o pâlpâire de sacru, de divinitate, o părticică din marea lumină!

Prin anul 2000, soția suferea de o gripă deja de mai mult de o lună. Colega mea de serviciu, o chinezoaică, a îndrăznit să intervină și să-i propună câteva bobițe de mărimea lintei, aduse de mama ei, de la Shanghai. S-a făcut bine în câteva ore. Am voiajat în acel an în China și, alertați de experiența tocmai avută, am cerut să asistăm la o demonstrație de medicină tradițională. La Spitalul nr. 1 din Beijing au făcut demonstrația pe noi înșine. Pentru suma de 10 yuani, costul a două bilete de autobus, luându-ne pulsul la cele două încheieturi ale mâinilor, medicul ne-a făcut în trei minute un diagnostic surprinzător, care a fost apoi confirmat acasă, după investigații ce au durat mai multe zile, la ecograf, scanner și RMN! Un alt semnal de „alertă" l-am avut tot în China. Văzusem lumea practicând „un fel de balet" în spațiile verzi de la baza blocurilor de locuințe, însă la Templul Cerului din Beijing, la răsăritul soarelui, înainte de puhoiul de vizitatori străini, spectacolul a fost şi mai impresionant: esplanada era înţesată de localnici veniţi pentru *Qi Gong*. Este vorba de o practică ancestrală de armonizare a „energiilor" vitale. La Institutul „Gustave Roussy", în pauza de prânz, comitetul de întreprindere ne-a oferit cursuri de „gimnastică taoistă", unde am prins gustul acestei discipline. În Canada am fost acceptat ca elev al unui Mare maestru de Qi Gong, unul din cei cinci existenţi la un moment dat în lume. Îl chema Sifu Mô şi se refugiase acolo venind din Hong Kong, atunci când colonia britanică fusese retrocedată Chinei. Datorită lui, exerciţiile de Qi Gong mi-au devenit o a doua natură. Sunt şi ele un mijloc de autocunoaştere, de „coborâre" în sine, de depăşire a „plafonului de nori"...

Daniela Sitar-Tăut: Sunteţi Clujean. Care sunt legăturile Dvs. cu Maramureşul?

Horea Porumb: Străbunicul meu, Petru Porumb, a venit din Sălaj la şcoala din Tăuţii de

Sus, de lângă Baia Mare. Pe crucea mormântului lui Petru Porumb este înscrisă data naşterii, 1856, şi a decesului, 1928. Prima menţiune despre el apare in 1886, în „Diuariu de absenţe" al şcolii confesionale greco-catolice din sat. A fost un înflăcărat luptător pentru emanciparea românilor, a fost până la moarte sufletul românismului în Tăuţi. Pe lângă profesia de învăţător, de care se ocupa cu dragoste şi pasiune, era conducătorul unui cor mixt, cu care l-a primit la Baia Mare pe generalul francez Berthelot, cântându-i în limba română. Ştim despre el că a fost prieten şi confident pe teme politice cu Vasile Lucaciu. Când acesta „ieşea în lume", trecea neapărat prin Tăuţi. Reamintesc faptul că Vasile Lucaciu, preot paroh greco-catolic în Şişeşti, a fost una dintre cele mai importante personalităţi politice, culturale şi istorice ale românilor ardeleni din perioada dualismului Austro-Ungar, militant pentru drepturile românilor din Transilvania.

Bunicul se numea Ioan Porumb (1881-1854), învăţător şi el la Tăuţi. Tata, Graţian

Porumb (1913-2004), s-a născut la Tăuți și a devenit un apreciat profesor de drept la Universitatea din Cluj.

Bunica, Valeria, născută Duma (1891 – 1984), a avut trei frați și o soră. Pe sora bunicii, Leonora („Leona"), căsătoria a dus-o în „Regat", unde a fost nevoită să se refugieze după Dictatul de la Viena, pentru că nu știa ungurește. Fratele mic al bunicii, Dezideriu („Dodo") a făcut cinste numelui Duma, ajungând profesor, șef de clinică la Neurologie și prorector la U.M.F. Cluj.

Alexandru Duma, fratele cel mare al bunicii, a fost pictor profesionist, trimis de împăratul Austriei să imortalizeze conflictul, pe frontul din Italia, în Primul Război Mondial, unde a decedat. De la el păstram în familie două naturi statice pe care le-a pictat în ultima lui permisie, reprezentând obiecte casnice și flori, pe care bunica Valeria i le aranjase pe o măsuță. O colecție de gravuri ale sale a fost recent expusă la Baia Mare într-o expoziție omagială, la 100 de ani de la moartea lui pe front, ajutați de inimosul inginer

Simion Vasile Pop şi de „Grupul de iniţiativă băispreană" - o expoziţie care aducea în faţa publicului noutăţi absolute, păstrate de familie timp de 100 de ani.

Dintre fraţii bunicii Valeria, numai Vasile Duma a rămas la Baia Mare, dar asta după ce cutreierase toată Europa. Poate că de la el am moştenit dorul de călătorie. Abia stabilit în oraş, hitleriştii îi confiscaseră atelierul mecanic, iar mai târziu „regimul de democraţie populară" a luat „via" familiei. Unchiul a rămas sărac lipit pământului şi aşa a trăit tot restul vieţii. Mi-am evocat neamurile într-o povestire, intitulată „Bud, în vie", din volumul „Fiii lui Ramses" (Editura Limes, 2006). Recent, mi-am reînnoit interesul în memorialistica din epoca interbelică printr-un număr de povestiri strânse într-un nou volum, cu titlul, încă provizoriu, „Clujul meu în oglinda timpului".

*Daniela Sitar-Tăut: Cine sunt **Fiii lui Ramses**?*

Horea Porumb: Eseul „Fiii lui Ramses", care dă şi titlul volumului publicat în anul 2006, prezintă un punct de vedere, iniţial *tabu*, apoi expus fără rezerve pe tăbliţele explicative din Muzeul Louvre, în sala dedicată faraonului Akhenaton, referitor la prima religie monoteistă. Religia ebraică e deosebită de toate celelalte prin faptul că pretinde să fie şi istorie, concomitent cu legenda. Ce se întâmplă, însă, dacă istoria nu e confirmată de fapte? E posibil să nu le fi descoperit încă? De pildă, cât ar părea de incredibil, o spun chiar şi exegeţii de la Ierusalim, existenţa lui Solomon nu e documentată de nici un izvor istoric! De ce să ne mai mirăm atunci că n-o descoperim nici pe regina din Saaba - cu toate că la yemeniţi şi, mai ales, la etiopieni, care se consideră a fi urmaşii sabeenei cu Solomon, tradiţia orală e extrem de puternică în acest sens.

Dar Moise, a existat cu adevărat? În orice caz, a zecea năpastă ce a căzut asupra Egiptului nu putea fi adevărată. E greu de închipuit că au murit toţi primii-născuţi, dar şi de-ar fi fost aşa, e cert că primul-născut al Faraonului nu era printre ei - şi, de fapt, primul-născut nici nu mai era copil! Îl vedem reprezentat la Abou Simbel, în calitate de şef al oştirii, în spatele lui Ramses al II-lea, în bătălia cu hitiţii, de la Kadesh. În paranteză fie spus, rezultatul bătăliei de la Kadesh a fost ambiguu, cert este că propaganda l-a prezentat ca fiind o mare victorie. Când se scria istoria, nu se spunea adevărul nici la egipteni. Conform ipotezei la care mă refer, Moise ar fi fost al doilea fiu, legitim, al lui Ramses al II-lea. Ramses (1279-1213) cimentase revenirea la vechiul politeism, după ce, cu câteva decenii în urmă, Amenophis al IV-lea (1353-1336), alias Akhenaton, făcuse publică religia (monoteistă!) dedicată zeului Aton, accesibilă până atunci doar iniţiaţilor. Moise s-ar fi opus tatălui şi fratelui mai mare în legătură cu abandonarea difuzării acestei religii. El ar fi fermentat o revoltă a partizanilor monoteişti, la care i-ar fi asociat şi pe sclavii evrei – dacă a fost vorba realmente de sclavi şi nu de susţinătorii, acum ajunşi „în opoziţie", ai fostului faraon, aparţinând invadatorilor hiksos, oameni ai „mărilor".

Mai târziu istoria s-a scris tot la fel. *Manuscrisele de la Marea Moartă*, cele care <u>nu</u> sunt expuse în muzeul din Ierusalim, ca şi descoperirea, la Cairo, a textelor apocrife ale lui Toma, faimoasa *"sursă Q"* („Quelle"), identificată, prin studii lexicale, ca fiind prezentă în textele Evangheliilor canonice, par a spune şi ele o poveste, o <u>altă</u> poveste, însă, despre epoca lui Iisus, despre fratele (real sau simbolic) al acestuia, care ar fi fost şeful „sectei" eseniene de la Qumran - cu implicaţii ce duc din nou la dinastiile egiptene şi care se prelungesc apoi până la Cavalerii Templieri. Dar asta e o altă încurcătură.

*Daniela Sitar-Tăut: Volumul **Cu oameni prin lume** (Editura Ecou Transilvan, 2012), subintitulat „Proză scurtă", conţine, în secţiunea Relatările unui american cu gâtul roşu, afirmaţia:*

„În această carte se întâlnesc două meleaguri, în mare parte necunoscute nouă. Expun cititorului fapte pe care să le adâncească singur. Descriu două lumi, Sudul american şi Ardealul românesc." Ce puncte de tangenţă, în afara componentei naţionaliste, aţi descoperit între „rednecks" şi ardeleni?

Horea Porumb: Naţionalismul e o „boală" întreţinută – ce-i drept, foarte americană – care se naşte din mediocritate, şi care nu trebuie confundată cu patriotismul. Între sudul american şi Ardealul românesc aş găsi mai degrabă alte trei puncte de tangenţă: munca, tradiţionalismul şi solidaritatea, – acolo, ca şi la noi, pe fond de multiculturalism.

Texasul este un teritoriu imens şi e o glie a conservatorismului american. Cu o jumătate de secol în urmă, Texasul era un ţinut prăpădit. Astăzi este unul dintre cele mai prospere state ale Americii. Din invidie, probabil, ceilalţi americani au extins porecla dată iniţial păstorilor de vite şi-i numesc pe locuitori „*rednecks*", adică „gâturi înroşite" – înroşite de soarc. Da, o ţară poate deveni înfloritoare, poate „renaşte" din propria cenuşă, nu-i nevoie să fii Phoenix. Trebuie doar să fii patriot.

Lecţia se aplică şi Ardealului nostru. Deşi, o vreme, reveneam acasă, literalmente, doar „din an în paşte", îndrăzneam să-mi privesc ţara de baştină cu ochii unui patriot care a cunoscut şi „lumea". După sabotarea, comanditată, a infrastructurii noastre industriale şi agricole, după înstrăinarea obiectivelor noastre strategice, după degradarea calitativă şi dispersarea în lume a braţelor noastre de muncă, asistăm acum la jaful resurselor ţării. Ar trebui să vedem aceste lucruri, măcar acum în ceasul din urmă. Şi să ne trezim la realitate.

Volumul „Cu oameni prin lume" se încheie cu reflecţia, pusă în gura unui bătrân mucalit, care i-a mirosit pe străinii ce pretind că ne vor binele:

„...tu-le norocul lor de străini... De ce ei au motiv să vină la noi, în timp ce ai noştri pleacă?"

Daniela *Sitar-Tăut: În „Postfaţa” **Parisului meu** afirmaţi: „Am vrut să fac haz de condiţia umană... Să mă «răzbun» pe ţara unde am fost nevoit să-mi duc traiul – şi unde mi-am mâncat mălaiul, în ultimii ani, cu sos... olandez – aluzie la François Hollande, un golan aşijderea golanilor noştri din ţară... pentru că aşa-i piesa, aşa trebuie să fie marionetele «lor», slugi la case străine”. Dezvoltaţi, vă rog, această idee.*

Horea Porumb: La ora la care scriu (suntem în 2017), la Paris domneşte o atmosferă insuportabilă. La starea de urgenţă, declarată (inutil) deja de mai multe luni (ani), sub pretextul atentatelor islamiste, la starea de teroare a „politicului corect”, ce spală creierul unor pături largi ale populaţiei, s-a adăugat *show*-ul cotidian al reprezentanţilor mass-media care, timp de mai bine de un an, s-au dat în vânt să ridiculizeze pe aspirantul de atunci la preşedinţia americană, Donald Trump. Credeam că doar pseudo-jurnaliştii noştri români cântau precum li se poruncise! Nu, delirul era global – şi uniform orchestrat – şi continuă şi acum, căci „stăpânirea” nu a digerat încă faptul că poporul a ales altfel decât fusese manipulat s-o facă.

În Franţa, procesul electoral din 2017 a fost şi mai „amuzant", căci, purtaţi de valul de speranţă cauzat de alegerea candidatului american nedorit, francezii au stricat socotelile (aceleiaşi) stăpâniri încă de la etapa „primarelor" de dreapta, desemnând candidat pe un om inteligent şi sobru, un familist, catolic practicant, numit François Fillon, ceea ce a declanşat din partea aceloraşi mass-media aservite, precum şi din partea însăşi a organelor de stat, a unei cumplite campanii de hărţuire şi calomniere. La repezeală, „stăpânirea" a scos din cutie un alt „favorit", de data asta presupus „de stânga", deşi crescut în birourile băncii Rotschild – un „necunoscut", oarecum la fel cum apăruse din neant şi candidatul la alegerile prezidenţiale româneşti în 2014.

În anul 1649, prin asasinarea regelui Angliei, prelua puterea Oliver Cromwell, dar o ceda... cămătarilor olandezi. Bancherii olandezi au primit atunci dreptul exclusiv de a bate moneda britanică, pe care Guvernul o „împrumuta" ulterior de la ei, contra camătă! Deşi monarhia a fost restabilită, Statul britanic n-a mai recuperat niciodată suveranitatea emiterii banilor, care a rămas apanajul unor bănci „private", din afara ţării. Evident, camăta era plătită de popor, prin impozite, îmbogăţindu-i sistematic pe bancherii străini. Acest tip de „înrobire bancară" a fost extins în întreaga lume, odată cu expansiunea imperiului britanic, şi dăinuieşte până în ziua de azi, cu menţiunea că astăzi „sclavia" este cea a dolarului.

În preajma Crăciunului anului 1913, în SUA s-a legiferat faptul că toţi dolarii urmau să fie „împrumutaţi" de Statul american de la o bancă privată, denumită impropriu „*Federal Reserve*", FED. (Printr-o coincidenţă, asasinarea lui Ceauşescu s-a petrecut tot într-o zi de Crăciun). Astăzi, toate devizele convertibile ale lumii sunt tipărite de către o unică instituţie financiară, Bank for International Settlements, BIS, din Elveţia, emanaţie a FED.... Băncile zise „naţionale" nu-i sunt decât sucursale, ocupate fiind cu recuperarea cametei – numită „senioraj" - şi dirijarea ei în afara ţărilor respective, către unicul beneficiar... Spun asta ca să anticipez constatarea că în lume, c-o fi în Europa sau aiurea, practic nu există stat suveran. Conducătorii care au încercat să-şi bată propria monedă (Kennedy, Ceauşescu, Gaddafi, ba chiar şi Lincoln, şi Stalin...) au fost toţi asasinaţi.

Cred că şefii de state nu vor fi niciodată „liberi", iar sărăcia nu va fi eradicată în lume atâta timp cât ţările nu vor avea „suveranitatea" emiterii de monedă naţională proprie şi a fixării ratei de schimb. Dacă, simplist vorbind, leul românesc ar fi schimbat la aceeaşi paritate cu dolarul, salariile românilor ar deveni egale cu cele ale occidentalilor, iar standardul de viaţă ar ajunge şi el acelaşi. Mă simt oarecum obligat, în calitate de scriitor „angajat", să aduc în discuţie asemenea subiecte şi mă consider dator să răspund întrebărilor puse prin prisma celor văzute şi trăite de mine personal.

*Daniela Sitar-Tăut: Cartea **Parisul meu** (Corint Books, 2016) este o pledoarie pentru normalitate/eticitate/etnicitate într-un ev turmentat de globalizare, mondializare (islamizare) în care se propagă insidios, în toate mediile, tirania celui slab asupra celui puternic. „Corectitudinea politică" ia locul cenzurii din comunism, în opinia Dvs., deoarece „interzice să se identifice şi să se numească pe şleau cine e «duşmanul»"... Cum se manifestă, concret, corectitudinea politică?*

Horea Porumb: De câţiva ani nu mai trimit felicitări de sărbători, sau, dacă o fac, îmi selectez foarte atent destinatarii. Nu am bănuit că un *Merry Christmas!*, sau un *Happy New Year!*, ar putea stârni reacţii excesive! Se pare că îi „ofensasem" pe atei, pe cei de altă religie, sau pe cei care încep Anul la altă dată. Mi-au scris, de parcă s-ar fi înţeles între ei (americani, francezi etc.), atenţionându-mă că n-am fost „*politically correct*"! Reacţia lor coincidea cu aceea că, din acel an, în şcoli şi în instituţiile occidentale nu s-a mai făcut brad de Crăciun, nu s-au mai auzit colinde, totul din grijă pentru „corectitudinea politică". Din grija de a nu nedreptăţi semcnii bătuţi de soartă,

‚hingherul' devine ‚funcţionar al controlului canin',
‚gunoierul' e sinonim cu ‚ofiţer sanitar' şi ‚cioclul'
e tot una cu ‚agent funerar' , handicapatul e o
‚persoană cu abilităţi diferite' şi un om ‚gras' e o
‚persoană cu dimensiuni' ..."

Pentru a înţelege acest fenomen, de care
este afectată o mare parte a umanităţii, m-am
documentat şi mă simt dator să împărtăşesc ceea ce
am aflat:

Deja în 1933, preşedintele Fundaţiei
Rockefeller afirma: „Ştiinţele sociale vor trebui să
se concentreze asupra raţionalizării controlului
social, asupra controlării comportamentului uman".
Fundaţia respectivă, împreună cu Institutul
Carnegie, au finanţat în S.U.A., în 1948, N.E.A.
(„National Education Association", adică
„Asociaţia Naţională pentru Învăţământ"), care azi
îşi are înfiltrate O.N.G.-urile pretutindeni, nu
numai în State, dar şi la noi. N.E.A. a promovat
„secularizarea", propovăduită încă din 1839 de
către Horace Mann, părintele învăţământului de
stat american, după care John Dewey a introdus, în

anii 1920-30, conceptul de „educaţie umanistă" ca substitut al religiei. De atunci, N.E.A. se află în spatele tuturor „reformelor" care generează dispute şi-n ziua de azi, fiind răspunzătoare de aberaţiile educative privind evoluţia speciilor, „autonomia individului", rebeliunea contra autorităţii parentale, sau a „molestării copilului", laxismul în privinţa promiscuităţii, concubinajului, perversiunilor sexuale, „relativismul" atunci când e vorba de droguri sau alcool, „realismul" atunci când se subminează familia, sau spiritul întreprinzător şi liber-cugetător etc.

Ideile N.E.A. s-au impus pe plan mondial prin Julian Huxley[29], devenit primul Director General al UNESCO. Acesta scria: „Filozofia generală a UNESCO trebuie să fie un umanism ştiinţific mondial, global ca extindere... Prin

---

[29] Biologul britanic Sir Julian Sorell Huxley (1887 – 1975), frate cu scriitorul Aldous Huxley, frate vitreg al laureatului Nobel Andrew Huxley şi nepot al colegului lui Charles Darwin, Thomas Henry Huxley, a fost un teoretician al eugenismului. A fondat WWF (World Wildlife Fund) şi a fost primul director general al UNESCO (United Nations Educational, Scientific and Cultural Organization).

programul său educaţional, UNESCO trebuie să familiarizeze masele cu implicaţiile unui transfer complet al suveranităţii unor naţiuni separate spre o organizaţie mondială... care să conducă la o cultură mondială unică."

Da, guvernul unic...

Pas cu pas, americanii au înghiţit etape fără a se opune: *Bible Out* (eliminarea Bibliei din instituţiile publice), *Prayer Out* (renunţarea la rugăciune în şcoli), *Ten Commandments Out* (scoaterea listei celor Zece Porunci din tribunale), *Liberation Theology* (religia libertăţii) – toate acestea emanând din oficinele Partidului Comunist al Statelor Unite; *Antiwar Movement* (mişcări pacifiste), *Moveon* (organizaţie autointitulată „progresistă pentru o Nouă Americă"), *Open Society* (Fundaţia pentru o Lume Deschisă, a financiarului George Soros, care e şi el o roată la căruţă, dar ce căruţă!), *Media Matters* (controlul mass-mediei) – în linie directă de la utopiştii fabieni, dar şi ai industriaşilor mondialişti, a căror reprezentantă la funcţia supremă ar fi trebuit să fie

Hillary Clinton; *Shared Prosperity* (partajarea prosperității prin lărgirea accesului la sistemele de asistanat „solidar"), *Illegal Immigration* (legalizarea imigranților) – idei venind pe linia comunistului italian Gramsci; *Diversity; Social Justice; Multi-culturalism; Moral Relativism* („diversitate" în loc de minoritate, „justiție socială" în loc să spui egalitarism, „multiculturalism", ca să nu zici *ghetto*, „relativism moral", când e vorba de amoralitate), căi imaginate de Școala de la Frankfurt și linia inaugurată de Herbert Marcuse.

Uite așa s-a ajuns la destrămarea familiei, la teoria genurilor, la adolescentele gravide, la violență în școli și aiurea, la banditism, crime, violuri și vandalism. Distrugeți familia, impuneți „anormalul" ca normal. Suprasolicitați sistemele de asistență socială pentru a le face să explodeze (exemplu recent, doamna Angela Merkel; exemplu peren, Franța socialistă). Creați haos pentru ca oamenii să ceară ei înșiși tirania – toate acestea sunt căi, imaginate încă înainte de cel de-al Doilea

Război Mondial, vizând „uniformizarea" populaţiei globului şi transformarea ei într-o masă amorfă.

E uşor să constaţi că N.E.A., pe plan naţional american, ca şi organismele Naţiunilor Unite, pe plan mondial, urmăresc acelaşi scop: să genereze un sistem universal acceptat de standarde educative prin care, sub egida lozincii *Saving the Earth* („Salvaţi Pământul"), tinerii să fie instruiţi nu numai să fie de acord cu un sistem ideologic unic şi totalitar, dar să fie ei înşişi activiştii care să-l servească (defilând zile la rând în Piaţa Victoriei?!), să-l promoveze, şi pentru care să fie gata să lupte – şi care-i dirijează, încet-încet, spre ideea unui „umanism" depersonalizat, lipsit de orice specific naţional.

Ideea „dezvoltării durabile" (*Sustainable Development*), combinată cu afirmaţia (nefondată ştiinţific[30]) cum că activitatea umană ar fi răspunzătoare de „încălzirea globală", reprezintă prima încercare de creare a unei suprastructuri

---

[30] Termenii consacraţi sunt „global warming" şi „climate change".

mondiale, care să le gereze, ca avanpost al unui eventual „hiperimperiu" (termenul aparține francezului Jacques Attali, care n-a făcut decât să „divulge", poate voit, ceea ce se preconizează prin cercurile unde are acces). Dereglările și haosul economic și moral, care par a fi căutate în mod voit, ar avea ca scop nemulțumirea maselor, tocmai pentru ca ele să solicite un guvern despotic.

Totalitarismul nu poate însă exista dacă nu e îmbrățișat, prostește, de mase!

Eu am impresia că pentru răspândirea „corectitudinii politice" suntem în mare măsură vinovați noi înșine. La fel ca-n epoca stalinistă, de teamă să nu căpătăm vreun „punct negru", am jucat fiecare jocul, adăugând de fiecare dată câte un pic și de la noi.

Trebuie să ne trezim.

Odată, am intervenit în fața unui auditoriu unde era preaslăvită „libertatea" de care ne bucurăm tot mai mult:

„Când mă exprim în public, sunt nevoit să fac apel doar la acele ‚valori agreate' care au curs în ziua de astăzi. Reprezintă acest lucru un progres?"

Filozoful francez Alain Finkielkraut m-a susținut entuziasmat:

„ Tocmai aceasta-i ,corectitudinea politică'. Dar acesta este un derivat demențial, o formă de rasism, o ocultare a realității. Trebuie combătută, căci e în joc propria noastră libertate individuală!"

Daniela Sitar-Tăut: Alți inamici ai eticității/tradiționalismului sunt cosmopolitismul și globalizarea, care „vizează ruperea omului de tradiții, nu numai de propria lui identitate culturală, dar și de propria-i identitate biologică. (Bărbat/femeie/gen?? Căsătorie?? La arhivă cu aceste noțiuni învechite!)" Aveți curajul de a denunța, polemic, tabu-uri strașnic păzite?...

Horea Porumb: A fost o vreme când cosmopolitismul era un termen peiorativ, care, în Apus, îl viza, mai degrabă, pe apatrid, iar „la noi", pe „reacționarul" anticomunist...

Cosmopolitismul promovat odată cu globalizarea vizează, însă, ruperea omului de tradiţii, nu numai de propria lui identitate culturală, dar şi de propria-i identitate biologică. Şcoala, Guvernul, Constituţia, chiar, ne „re-învaţă" că noţiuni fundamentale, precum cele de bărbat - femeie - căsătorie - familie - părinţi... sunt învechite! În certificatul de naştere nu (va) mai scrie mama / tata, ci părintele 1 / părintele 2. După divorţuri sau concubinaje în serie, există deja copii cu 8, sau 12 bunici...

Într-o lume în care vor fi fost şterse toate deosebirile fizice, fiziologice şi culturale dintre oameni, te vei simţi „acasă", într-adevăr, oriunde — vei fi, în felul tău, „cosmopolit", *recte* apatrid — cel puţin către asta suntem împinşi de supra-clasa care ne conduce. În cadrul restrâns al acesteia din urmă se mai studiază latina şi greaca veche şi se dau citate din Nietzsche şi Toma de Aquino. Membrii elitei se simt realmente „acasă" în orice cultură, de data aceasta în adevăratul şi nobilul sens al cuvântului „cosmopolit", rezervat unor „aleşi".

Cred, însă, că nu are rost să ne mai înverşunăm împotriva acestor „aleşi" şi nici împotriva mondializării. Am impresia că mondializarea şi-a dat, oricum, obştescu-i sfârşit! Lumea se împarte iar în tabere vrăjmaşe: Rusia, China, Europa, şi nu numai! Africa vine din urmă! Uniformizarea globală nu va mai avea loc. O şansă nesperată pentru un cosmopolitism adevărat!

Daniela Sitar-Tăut: Meditaţiile asupra clasei politice constituie una dintre notele redundante ale volumului „Parisul meu". Remarcaţi faptul că atât în România, cât şi în Franţa, aceasta este „complet ruptă de popor".

Horea Porumb: Donald Trump spune că a simţit pe propria-i piele faptul că lumea este dominată de către o forţă ocultă, „The Deep State". Elitele locale, care conduc statele – chipurile, „alese" de noi - sunt în realitate impuse de această supra-clasă, „alese"... de ei, de cele mai multe ori dintre oameni pătaţi, astfel încât să poată fi şantajaţi. La noi în ţară nu s-a inventat nimic în acest sens.

Aş dori să mai adaug câteva cuvinte despre François Fillon, la care m-am referit deja în contextul alegerilor din Franţa. Pentru a fi scos din cursă, a fost acuzat că şi-a angajat soţia şi copiii pe posturi (fictive) de asistenţi parlamentari. În realitate, peste o sută de parlamentari făcuseră acelaşi lucru, fără ca vreunul din ei să fi săvârşit vreo ilegalitate, căci, tehnic vorbind, s-au folosit de propriile lor diurne, destinate acestui scop. Lumea a fost scârbită, însă, pe drept cuvânt, de mărimea acestor indemnizaţii. A devenit vizibilă cu acest prilej şi mentalitatea celor care ne conduc: lor li se cuvine şi permite orice.

Cu ani în urmă, am participat îndeaproape la campania electorala a lui Nicolas Sarkozy. Acest om politic m-a impresionat prin inteligenţa şi clarviziunea de care dădea dovadă, precum şi prin bunele sale intenţii. Din păcate, după ce a ajuns la investitura supremă, a „descoperit" că nu va putea îndeplini ceea ce promisese, căci nu i se „îngăduia de sus". În cele din urmă, a devenit un cinic, însă eu îi reproşez faptul că, inteligent cum era, nu ştiuse dinainte că urma să fie la cheremul celor care stăpânesc... lumea. Chiar şi America, în calitate de stat, este executantul orb (şi nu în interesul poporului american) al ambiţiilor acestei supra-clase financiare ce acţionează din umbră.

Cu un deceniu sau două în urmă, „oculta" era mai discretă, iar şefii de state păstrau o aparenţă de sobrietate. Aceste scrupule au dispărut în anii din urmă. Şefii de state nu se mai jenează să se afişeze în postura de slugi.

Daniela Sitar-Tăut: Aş vrea, în finalul dialogului nostru să schiţaţi un portret al Dvs. Un fel de Horea Porumb „par lui-même".

Horea Porumb: Eu scriu de regulă proză scurtă, texte accesibile, schiţe umoristice – care contrastează cu solemnitatea academică a acestui interviu şi l-ar putea induce în eroare pe cititor. Acum câţiva ani, am întocmit o antologie care să mă reprezinte, dar a ieşit tot una sobră, cel puţin prin titlu. Am numit-o „*Dincolo şi dincoace de religii: paranteze, glose, comentarii*". E publicată în 2014 şi e disponibilă doar la Amazon. Conţine o selecţie din scrierile mele anterioare, sub genericul „Cu degetul pe rană". Textele militează în acelaşi sens: îi provoc pe cititori să se întrebe despre bine şi rău, despre umanitate şi dezumanizare, despre delăsare şi spirit de iniţiativă, despre prostie şi adevăr, despre fidelitate, onoare şi credinţă, despre tradiţii şi nestrămutare, despre armonie şi seninătate.

Universul, aşa cum este, e o alcătuire armonioasă! Societatea umană face parte şi ea din univers. Deci are vocaţia de-a fi armonioasă la rându-i! Putem spera! Ca indivizi, avem datoria să ne „armonizăm" noi înşine, pentru a ne putea insera cu folos în această alcătuire a Creaţiei. Scriitorul, iar eu sunt unul dintre ei, are menirea să „vadă", să simtă, să înţeleagă „planul" ontologic al Creaţiei şi să-şi cheme semenii (aşijderea filosofului din grota lui Platon? sau a unui Bodisatva?) să evolueze către lumină.

Doamne, fereşte-mă de orgoliu...

Cuprins

www.ingramcontent.com/pod-product-compliance
Lightning Source LLC
Chambersburg PA
CBHW072215150726
48002CB00005B/1814